LES VAMPIRES PSYCHIQUES

Paru au Livre de Poche :

L'AMOUR ET LES KILOS

BIEN DANS SON ASSIETTE, BIEN DANS SA TÊTE

COMMENT SURVIVRE QUAND LES PARENTS DIVORCENT

GUIDE DE L'ADO À L'USAGE DES PARENTS

LES KILOS ÉMOTIONNELS

STÉPHANE CLERGET

LES VAMPIRES PSYCHIQUES

Comment les reconnaître, comment leur échapper

FAYARD

ISBN : 978-2-253-18835-3 – 1re publlication LGF

La puissance du vampire est que personne ne croit en son existence.

Bram STOKER, *Dracula*.

À Mireille Clerget, née Duval,
qui, hélas, n'était pas là
pour me consoler de sa mort.

AVANT-PROPOS

Dans mon travail de psychiatre, je me suis toujours employé à être à l'écoute de mes patient(e)s, à concourir à leur bien-être comme à leur santé.

Parvenu à un âge où l'on est écartelé entre des enfants encore tributaires de vous et des parents devenus dépendants, je me suis interrogé sur mes propres limites psychiques et sur la fatigue engendrée par le don de soi ou de parties essentielles de soi. J'ai alors pris conscience que je pouvais être aussi personnellement concerné par le vampirisme mental ou affectif dont nombre de mes patients se trouvaient être les victimes, sans pour autant au départ utiliser cette terminologie.

Depuis mon enfance, les vampires de la mythologie ont occupé une place de choix dans le désordre de mon imaginaire. Moins d'ailleurs parce que je les craignais que parce que j'enviais leur immortalité et aimais m'apitoyer sur leur solitude mélancolique.

Quand, adolescent, je me suis intéressé à la psychanalyse, me plongeant dans les écrits d'Ernest Jones, de Sigmund Freud, de Carl Jung, de Jacques Lacan, qui tous évoquaient le vampirisme, je vis soudain revenir cet être mythique, tel un symbole de pulsions inconscientes remontant à la surface du conscient, comme pour l'épeurer de désirs sexuels ou encore de secrets de famille.

Le bébé n'attend pas la succion du sein de sa mère ou de savoir mordre son prochain pour commencer à vampiriser l'autre. Dès le stade fœtal, le petit humain est le parasite hématophage (amateur de sang) de son hôte maternel. Quoi de plus normal alors, une fois devenu un être de langage, de continuer d'attendre d'autrui qu'il nous alimente, nous nourrisse de diverses manières (nourritures affectives, intellectuelles, matérielles, spirituelles) ? Pourtant, nous ne devenons pas tous des vampires psychiques, car nous savons aussi établir un échange équilibré avec les membres de notre entourage, et notre énergie, notre élan vital ne sont pas entièrement soutenus par l'énergie des autres. En revanche, les autres peuvent nous dévitaliser, voire nous faire vivre l'enfer. Ainsi en est-il des pervers narcissiques, dont on connaît bien aujourd'hui les mécanismes grâce à d'excellents ouvrages qui leur ont été consacrés. On sait reconnaître leur manque d'empathie, leur égocentrisme et, surtout, leur volonté de blesser leur victime, de la mettre en déroute, et de lui imputer cette déroute pour jouir de tout cela.

Le pervers narcissique est si dangereux et, heureusement, désormais si bien documenté qu'il éclipse d'autres catégories d'individus pernicieux, certes souvent moins flamboyants, mais qui subrepticement vont parvenir à nous « saigner » petit à petit. Il s'agit des vampires psychiques, objets de ce livre, et qui profitent du manque de lumière projeté sur eux pour agir impunément depuis des siècles, voire en se posant eux-mêmes en victimes, profitant en cela du « victimisme » contemporain.

Ils ou elles entrent dans vos vies, parfois aussi furtivement qu'une ombre et vous ferrent, tandis que vous croyez toujours mener la danse, voire, naïvement, conduire le bal. Au contraire des pervers narcissiques, ils ne cherchent pas à vous détruire puisqu'ils dépendent, comme nous le verrons au fil des pages, de votre vigueur, et n'ont de surcroît que faire de votre souffrance – ce qui les différencie du pervers qui, lui, en jouit. En effet, à l'inverse du pervers narcissique, le vampire est capable d'aimer, pourvu qu'il soit repu, et peut souffrir en cas d'abandon jusqu'à ce qu'il retrouve une nouvelle proie, un nouvel hôte.

Sans plus tarder, levons le voile sur ces êtres que l'on croise ou qui nous entourent au quotidien, que ce soit sur notre lieu de travail, dans nos divers cercles relationnels, en famille, parfois dans notre couple, et dont le caractère invisible de la présence les rend d'autant plus redoutables.

Ouvrez l'œil ! Les vampires psychiques sont parmi nous ! Et, souvenez-vous, même le diable fut un ange au commencement.

INTRODUCTION

Dans le cadre de mes consultations en cabinet, à l'hôpital ou dans diverses institutions, j'ai rencontré des patientes et des patients présentant des tableaux singuliers. Mais ce patient-là, je ne suis pas près de l'oublier.

Il s'appelait Thierry et je le reçus quand il était déjà un grand adolescent.

Sa mère me confia que, tout jeune enfant, il avait, parmi ses diverses peurs, la phobie du sang. Que ce soit le sien, celui des autres ou le sang qui pouvait être présent dans la viande rouge qu'on voulait lui faire manger, cela le dégoûtait tout autant.

À l'aube de sa puberté, le processus s'inversa. En chutant alors qu'il jouait, il se blessa à la paume de la main et, comme par réflexe, lécha aussitôt sa plaie.

Il se souvint alors du goût, qui lui parut appétissant, voire enivrant, dira-t-il. Par la suite, dès que l'occasion se présentait, il suçait longuement ses égratignures. Quand un camarade se blessait, il lui arrivait de lui proposer de lui faire de même.

Les choses basculèrent quand, vers 13 ans, il commença à se couper volontairement sur le bras, puis en divers endroits du corps (le moins apparents possible pour échapper à la vigilance parentale), dans le but d'avaler son propre sang. Ces autotétées sanguines s'accompagnèrent secondairement de masturbation. Ses goûts alimentaires connurent une évolution logique, et les viandes rouges devinrent son mets préféré.

En parallèle, des troubles de la personnalité s'installèrent et motivèrent un début de prise en charge psychiatrique. Thierry sortait peu, n'avait pas d'amis en classe, où il était d'ailleurs souvent harcelé. À la maison, il se montrait secret, passant son temps devant ses jeux vidéo, à regarder des scènes de films gore ou à s'occuper de ses deux rats en cage, que sa mère, de guerre lasse, avait fini par accepter de lui acheter.

Sa première hospitalisation en psychiatrie se produisit alors qu'il avait presque 16 ans après que sa mère l'eut découvert dans sa chambre, assis sur son lit, abattu, les yeux hagards, du sang formant un maquillage sinistre de clown tout autour des lèvres, et le cadavre d'un des deux rats exsangue sur le parquet.

Le diagnostic de schizophrénie fut envisagé et, hélas, confirmé par l'évolution délétère de Thierry. Aujourd'hui, il a un travail adapté et un appartement dit thérapeutique. Toutefois, il connaît encore des périodes d'excitations morbides à la vue de son propre sang et d'autovampirisme avec coupures volontaires.

Le vampirisme clinique est rarement décrit et l'est généralement en lien avec une maladie mentale (schizophrénie, psychoses diverses, paraphasie, psychopathie, pathomimies). Il est néanmoins possible que des cas chez des personnes non psychotiques et bien insérées socialement restent méconnus. D'ailleurs, des cas de vampirisme, heureusement très rares, ont été décrits chez des individus dérobant du sang humain, par exemple dans des laboratoires stockant du sang destiné aux transfusions[1].

C'est d'une tout autre espèce de vampires que je vais vous parler dans ce livre.

Ceux-ci ne se nourrissent pas de sang, mais de votre énergie. Et ils sont loin d'être rares.

Je les nomme les « vampires psychiques ».

L'être humain, comme les mammifères en général, n'est pas fait pour vivre seul. De tout temps, les humains ont été plus forts à plusieurs. Entouré, l'homme développe mieux ses compétences. Les autres répondent aux besoins qu'il ne peut satisfaire seul. Or ces autres peuvent aussi être un obstacle à son développement, à ses progrès, à son épanouissement et donc à son bien-être. Si le mythe du vampire existe depuis la nuit des temps dans toutes les sociétés, c'est bien qu'il correspond à un archétype humain qui a toujours existé. C'est ce vampire-là que je qualifie de « psychique ». En consommant une partie de son énergie, sous quelque forme que ce soit, il peut altérer le fonctionnement d'un autre individu et nuire à la dynamique de son développement.

Je m'intéresserai essentiellement ici au vampirisme psychique entre deux personnes, l'une étant

1. Richard Noll, dans *In the Psychiatric Literature* (Brunner-Mazel, New York, 1992), propose de nommer ce syndrome le « syndrome de Renfield », en référence au personnage créé par Bram Stoker dans *Dracula*.

le ou *la* vampire psychique[1], l'autre, sa victime, ou son hôte. De façon schématique, on verra à diverses occasions que le vampire psychique va « pomper » des ressources énergétiques chez l'individu hôte. Les conséquences en seront un nouvel essor, vitalisant pour lui, et, en revanche, une baisse d'énergie, une dévitalisation pour la victime ou l'hôte. Bien entendu, quand les « prises » sont répétées par différents vampires ou s'inscrivent dans la durée, les conséquences sont plus pénibles encore pour l'hôte. Celui-ci est alors soumis à un stress qui va lui permettre de l'alerter sur la perte de ses réserves d'énergie.

Cependant, dans une autre mesure, l'acte de vampirisation n'est pas sans conséquences négatives pour le vampire lui-même. Surtout s'il est jeune. En effet, se nourrir exclusivement du flux énergétique d'autrui met en suspens ses propres mécanismes vitaux. À l'extrême, le néo-vampire, trop dépendant des ressources extérieures, ne pourra développer les siennes et finira par devenir toujours plus dépendant d'autrui.

Nous verrons aussi combien l'apparence, la façon d'être de ces vampires psychiques, qui existent, on n'en doute pas, en tous pays et dans toutes les cultures, sont plurielles. Leurs tactiques varient beaucoup. Il en est de même des situations, du cadre d'action dans lesquels le vampirisme s'établit entre deux individus.

1. Vampire est un nom masculin, mais nous nous sommes parfois permis de le féminiser.

Si l'objet de ce livre est d'étudier les formes contemporaines du vampirisme psychique, de comprendre les modes de fonctionnement de ces prédateurs bien particuliers et d'en mesurer les conséquences sur leurs victimes hôtes, il veut aussi proposer, à la lueur des différents contextes, de véritables stratégies de défense. En effet, les attaques récurrentes de ces individus vampires représentent, pour l'individu qui en est victime, un danger aussi bien pour sa santé mentale que physique.

I

LES VAMPIRES OCCASIONNELS

Le terme de vampire est directement en lien avec les vampires du folklore, des mythes, de la littérature et du cinéma.

Qui n'a entendu parler de ces créatures, mi-chauves-souris, mi-hommes qui, bien que défuntes, vivent dans l'obscurité et se nourrissent du sang de leurs victimes ? Ces créatures ont adopté de multiples aspects au fil des traditions culturelles. Tout au long des siècles, de nombreux auteurs se sont employés à les décrire, jusqu'au plus célèbre d'entre eux aujourd'hui, Bram Stoker, et son désormais immortel *Dracula*, paru en 1897. Il fut d'ailleurs inspiré par un prince roumain qui a réellement existé : Vlad l'Empaleur, ou Dracula (1431-1476), réputé pour sa cruauté à l'égard de ses ennemis.

Les vampires de la mythologie sont des sortes de parasites humains. Les vampires psychiques aussi.

Le parasitisme est un mode de vie ou de survie, parfois défini par l'exploitation du vivant par le vivant. Le parasite n'est pas un prédateur. Dans le cadre du parasitisme, l'hôte et le parasite sont en interaction dont l'effet est souvent durable dans le temps, principalement pour la raison que le parasite n'a aucun bénéfice à tuer son hôte, contrairement au prédateur avec sa proie.

La nature regorge de parasites, aussi nombreux dans le monde végétal que dans le monde animal. Le pou est sans doute le parasite hématophage de l'homme le plus connu. Les poissons-vampires (ou *candiru*) sucent le sang de gros siluridés[1] amazoniens.

Parmi les mammifères, il existe également un vampire hématophage. Cet animal est nommé vampire commun, son nom savant est *Desmodus rotundus*. C'est une espèce particulière de chauve-souris vivant en Amérique du Sud et centrale, qui se nourrit principalement du sang du bétail. La nuit, il s'approche de ses proies lorsqu'elles dorment et, avec ses dents coupantes comme une lame de rasoir, il découpe un morceau de la peau de ses hôtes pour laper ensuite avec sa langue le sang coulant de la plaie. Certes, tous les parasites de la nature sont loin d'être hématophages. Mais on voit que le parasitisme est un phénomène naturel dans lequel l'hôte peut offrir un habitat relativement stable, une nourriture et de l'énergie. Le parasitisme psychique dans lequel l'hôte fournit à son parasite humain de l'énergie s'inscrit donc tout à fait dans la nature,

1. Importante famille de poissons d'eau douce des régions chaudes.

au sens large, et dans la nature humaine plus spécifiquement.

Ce rapprochement métaphorique entre les vampires mythiques de la littérature et nos vampires psychiques n'est pas absurde, puisque ces vampires de contes et légendes, qui traversent toutes les civilisations et toutes les époques, sous diverses appellations, sont en tout point les précurseurs de nos vampires psychiques contemporains et, eux, bien réels.

On peut d'ailleurs supposer que les vampires psychiques préexistaient aux vampires du folklore et des légendes. Et que ces derniers, suceurs de sang, ne sont finalement que la représentation populaire et symbolisée du vampirisme psychique, de ces « suceurs d'énergie » dont chacun de nous peut un jour être la victime, au point de tomber malade.

Il est aussi permis de penser que le vampirisme psychique est transculturel et qu'il a existé à toutes les époques, y compris les plus lointaines. Qu'il s'agisse de vampirisme individuel ou de celui des sorciers ou chamans, ou bien encore du mythe biblique de Dalila, qui prend la force de Samson en lui coupant les cheveux. Ou également de vampirisme collectif, ainsi les pratiques guerrières usant de chants, de masques, de peintures de guerre destinés à impressionner les adversaires afin de les affaiblir moralement par intimidation ou par peur.

Si un certain nombre de sociétés combattent les vampires psychiques, certaines conditions sociales ou culturelles peuvent en revanche favoriser leur apparition, notamment au sein de systèmes autarciques, mafieux, corrompus, où les vampires occupent les postes de pouvoir, mais également dans les modes de fonctionnement de sociétés démocratiques où règne l'opulence et dans lesquelles la responsabilisation individuelle est en perte de vitesse et où l'on peut abuser des divers systèmes d'assistance.

1. QUI SONT-ILS ?

Qui sont alors ces vampires psychiques qui nous entourent ?

Ce sont leurs victimes qui en parlent le mieux.

Emma, 28 ans :

Avant de le quitter, non seulement j'étais asséchée mentalement, mais j'avais aussi perdu dix kilos, que je n'avais pas en trop. Mon partenaire, lui, était plus dépendant de moi qu'un enfant de 3 ans, mais il était en pleine forme.

Katia, 36 ans :

Quand je rentrais de mon travail, j'étais épuisée. Je croyais que c'était dû à une surcharge, jusqu'à ce que mon supérieur soit muté. J'ai alors réalisé que mon

N+1 m'avait vidée de mon énergie avec ses demandes impossibles.

David, 40 ans :

Sous prétexte que j'étais à ses yeux le fils préféré des parents, que j'avais réussi professionnellement, mon frère cadet a toujours exigé et obtenu de moi que je l'assiste en tout domaine. Il m'a saigné moralement et financièrement.

Nathalie, 45 ans :

Depuis toute petite, je suis sous la domination de ma grande sœur. J'ai quasiment élevé ses enfants, avant comme après son divorce. Et dès que j'avais un petit copain, elle réussissait à me faire rompre pour que je reste à son service.

Damien, 50 ans :

Bien sûr, elle est ma mère et mon devoir est de m'occuper d'elle. Pourtant elle n'a jamais été tendre avec moi, même quand j'étais enfant, et aujourd'hui je n'en fais jamais assez pour elle si j'en crois ses reproches incessants.

Et vous ? N'avez-vous jamais eu le sentiment ou la certitude d'avoir été vampirisé par un collègue, un parent, un ami ? Ponctuellement ou bien de façon répétée sur une longue période, au fil d'une relation de couple, par exemple, qui vous a mis K-O ?

Il n'y a pas de profil type du vampire.

Certains sont des vampires que je nomme structuraux, c'est-à-dire qu'il est dans leur nature de vampiriser leur entourage, que ce soit au travail, en famille, dans leurs relations sociales, bref, dès qu'une occasion se présente.

D'autres vont l'être de manière conjoncturelle, à l'occasion d'un événement ou d'une période donnés.

La capacité de vampiriser est propre à l'être humain, homme ou femme, et elle trouve ses fondements avant même la naissance, chez le futur nouveau-né. Le fœtus ne « vampirise »-t-il pas, au sens propre du terme, sa mère ?

Mais, attention, l'objectif du vampire psychique n'est pas de détruire l'autre. Au contraire, il en est dépendant, il a besoin de lui ! Il veut juste tirer avantage de sa vitalité, de son énergie, de ce que j'appelle son « jus ». Si, devenu adulte, le vampire psychique peut se révéler aussi un pervers manipulateur, la majorité des vampires ne le sont pas.

En effet, quand le pervers cherche à séduire pour annihiler et jouir de cette destruction, le vampire psychique, lui, n'a pas envie de vous faire du mal, il cherche d'abord à se nourrir de vous.

Mais alors, à quoi ressemble-t-il ?

C'est peut-être cette bonne copine qui va capter votre carnet d'adresses ou vos amis.
Ce collègue qui vampirise votre expertise.

Cette mère qui ne lâche pas sa fille adolescente pour vampiriser sa jeunesse, et qui va jusqu'à l'accompagner quand elle sort voir des amies.

Cet enfant qui continue ses caprices au-delà de « l'âge légal ».

Ce manager qui se nourrit de votre travail sans jamais vous accorder la moindre reconnaissance.

Ce mari, artiste damné, qui puise et épuise les ressources psychiques de sa *working girl* de compagne.

Bref, les exemples ne manquent pas.

Nous allons découvrir ensemble ces multiples profils, vampires à la petite semaine ou pros, mais aussi apprendre à reconnaître les formes, parfois déguisées, de ces comportements vampiriques. Comment reconnaître un(e) vampire, mais aussi comment prendre conscience que l'on se fait vampiriser, parfois depuis longtemps, et comment se défaire de son vampire, à moins qu'on y prenne réellement du plaisir...

Dévoreurs d'énergie

Au fil de ma vie, j'ai croisé beaucoup de personnes que l'on peut nommer des vampires psychiques.

Jeune homme, j'ai été victime de certains d'entre eux, ou d'entre elles. Depuis, j'ai appris à les reconnaître et à m'en préserver. Heureusement, car, dans mon métier de psychiatre, j'y suis régulièrement confronté. Si je n'avais pas su m'en protéger mentalement, il y a longtemps que je serais psychiquement exsangue. Pourtant, du fait de ma profession, je ne dois pas non plus me soustraire à eux, ou à elles, car ma mission est également de les aider à se libérer de leur dépendance aux autres sur le plan de l'énergie psychique. Elle consiste aussi bien sûr à aider mes patient(e)s à ne plus en être les victimes.

La première remarque que l'on formule quand on a passé trop de temps en compagnie d'un vampire psychique et que l'on a compris qu'il était la source de notre état est : « Qu'il (ou elle) est épuisant(e) ! »

La fatigue psychique, autant que physique, est chez la personne qui en est victime le plus important des symptômes consécutifs à des conduites de vampirisation. Et pour cause, en présence d'un vampire psychique, l'attention est comme accaparée par lui.

Quelles que soient leurs attentes (affectives, matérielles, morales, intellectuelles, spirituelles, physiques), les vampires ont le chic pour mobiliser en vous à la fois beaucoup d'attention et beaucoup d'émotions. Mais vous ne vous rendez pas toujours compte qu'ils sont à l'origine de ce remue-ménage. Aussi allez-vous plutôt imaginer que le problème vient de vous, que vous êtes fatigable, émotif, nerveux, bref, que vous êtes d'une nature fragile.

En dehors de la fatigue, certains d'entre vous vont avoir des réactions somatiques : le plus fréquent est le mal de tête, mais c'est aussi des troubles gastro-intestinaux, des envies d'uriner, des sensations de tension, un souffle court, voire des palpitations. Ces symptômes sont isolés ou associés. D'autres réactions sont différées de vingt-quatre à quarante-huit heures, comme les réactions dermatologiques (eczéma, psoriasis ou urticaire, par exemple), les conjonctivites ou les douleurs articulaires, symptômes en lien avec une réaction désordonnée de votre système immunitaire face à ces attaques psychiques.

Rappelons que l'objectif des vampires n'est pas de créer un malaise en vous. Leurs motivations, conscientes ou inconscientes, sont tout autres, le mal-être que vous subissez n'est donc pour eux qu'un effet collatéral.

Quelles sont leurs motivations ?

Avant d'observer les différents types de personnalité des vampires psychiques, posons-nous d'emblée la question des motivations de leur comportement. Qu'est-ce qui peut bien pousser un individu à vampiriser psychiquement un de ses semblables ?

Sa première motivation est sans doute instinctive, intrinsèque à sa condition d'être humain. Elle est, on l'a vu, dans la continuité du vampirisme des origines : un fœtus se nourrit du sang de sa mère, puis, devenu nourrisson, de son lait. Ce vampirisme primordial est une conduite de survie. Un instinct qui va bien au-delà du sang et du lait. En effet, le nouveau-né éprouve tout autant le besoin vital de recevoir de l'affection, cette énergie qu'on appelle attention ou empathie et que lui procure un autre être humain, géniteur ou succédané, sous peine de mort.

Les observations du pédiatre René Spitz, au milieu du XXe siècle, nous ont éclairés pour la première fois sur le sujet.

Ce médecin travaillait dans des pouponnières où étaient placés des nouveau-nés retirés à leurs mères au bout de six mois, celles-ci étant incarcérées pour une longue durée. Des nourrices prenaient alors le relais. Elles les changeaient et les nourrissaient. Pourtant, la plupart de ces bébés évoluaient mal. Dans un premier temps, ils pleuraient sans cesse, puis ne prenaient plus de poids. Ces enfants connaissaient une évolution délétère sur le plan du développement psychologique et affectif, mais aussi physique. Ils fuyaient le contact avec les nourrices, devenaient apathiques, leurs visages restaient figés. En outre, ils présentaient des troubles du sommeil et de l'alimentation. Audelà du troisième mois, les pleurs disparaissaient au profit de geignements, le regard devenait vide, l'enfant tombait dans un état de grande léthargie pouvant aboutir à la mort. En deçà de trois mois de séparation entre la mère et l'enfant, les symptômes étaient facilement réversibles si l'enfant retrouvait sa mère ou une figure d'attachement aimante.

Dès lors, le Dr Spitz comprit que, pour croître, le petit humain ne pouvait se contenter de nourriture et de soins. Il avait tout autant besoin de cette énergie vitale procurée par l'intérêt et l'affection de son prochain. Ce vampirisme, instinctif ou pulsionnel, reste niché en chacun de nous et explique que, tous autant que nous sommes, nous pouvons avoir occasionnellement des conduites vampiriques sans être pour autant considérés comme des « vampires psychiques ». D'autant plus qu'en retour le petit d'homme va avoir à cœur de donner à l'autre ses sourires, ses paroles, ses productions diverses pour, devenu plus grand, lui témoigner à son tour de l'empathie.

Le vampirisme fait donc partie des échanges sociaux normaux. Nous donnons et recevons des informations, des émotions, des cadeaux, des idées, des pensées, des contacts sensoriels et... de l'énergie vitale. Dans l'idéal, les échanges sont équilibrés au fil du temps. Pourtant, il existe des personnes qui ne trouvent jamais leur compte.

En effet, il est une autre motivation humaine : le principe de plaisir, qui fait fi des efforts, des frustrations, des sacrifices nécessaires, à des degrés divers, pour obtenir satisfaction.

Il semble en effet aux vampires psychiques plus facile, moins contraignant, moins fatigant, moins douloureux de s'approvisionner en pompant l'énergie de quelqu'un plutôt que de développer leurs propres ressources énergétiques. Les circonstances, voire des facteurs de personnalité, d'éducation, d'identification aux parents, ou bien culturels, génétiques peuvent sans doute aussi conduire tel ou tel individu à s'inscrire plus ou moins dans ce mode de fonctionnement. Et plus on utilise cette forme de rapport aux autres, moins, au fil du temps, on pourra revenir à une autogestion, à un processus autonome, sans dépendance excessive à autrui.

Néanmoins, pour certains, au-delà de leurs motivations, il est quasi impossible de se comporter autrement. Au cours de leur développement, ces individus, devenus vampires psychiques, n'ont pas appris à échanger et, moins encore, à donner.

Il s'agit de sujets ayant pu subir dans leur petite enfance des ruptures ou d'importantes carences affectives, à l'instar de ces nourrissons laissés pour compte que j'ai décrits plus haut. Les dépressions provoquées dans les tout premiers mois de leur vie sont sans doute la cause de cet état de dépendance pathologique aux autres, oscillant entre des attitudes de repli ou de soumission aux autres ou des comportements agressifs à leur égard. Sujets à une grande appétence relationnelle, associée à l'angoisse d'être seuls, quittés ou abandonnés, ils ont souvent des exigences affectives pressantes, alternant avec le découragement, un pessimisme récurrent et un état apathique. Leur vie paraît mécanique ou bien hyperactive pour remplir le vide qui les envahit. La plupart du temps, ils rencontrent des difficultés à se maintenir durablement dans le monde du travail.

Toutefois, l'erreur serait de juger le vampirisme psychique comme une simple question du mal contre le bien, ce serait trop schématique, en effet, le vampire psychique n'est pas le diable, et le vampirisé n'est pas une victime innocente.

En règle générale, les vampires psychiques cherchent uniquement l'énergie qui leur fait défaut. On l'a vu, leur système de régénération énergétique est dysfonctionnel. Ils ne savent pas réguler leurs besoins intellectuels, émotionnels, affectifs, artistiques, spirituels ou matériels. Ne pensons pas qu'ils soient poussés par d'obscures forces maléfiques à dominer ou à détruire leurs naïves victimes, même si ces cas de figure peuvent aussi exister. Satisfaire des pulsions sadiques, au sens d'obtenir du plaisir en faisant du mal à autrui, peut effectivement faire partie des motivations de certains d'entre eux. Le vampirisme psychique peut alors se coupler avec de cruels instincts, au même titre que l'on rencontre de la cruauté dans différentes catégories humaines. Ni plus ni moins. Néanmoins, face à de tels individus, il faut redoubler de vigilance, s'armer psychiquement ou prendre ses jambes à son cou.

Nous verrons plus en détail les caractéristiques psychologiques de nos vampires, mais, pour vous donner un avant-goût, j'aimerais d'abord faire le constat, partagé avec d'autres confrères, que beaucoup de vampires psychiques souffrent d'un profond manque d'estime de soi.

C'est ce qui provoque chez nombre de ces accapareurs d'énergie, comme on le verra, un besoin d'attention constante, une demande permanente de validation de leurs choix ou de leurs conduites, mais aussi le fait qu'ils ne semblent guère apprendre de leurs expériences passées.

Toutefois, il est possible que cette faiblesse, surtout chez les vampires les plus anciens, les plus expérimentés, ne soit qu'apparente et qu'elle n'ait alors d'autre but que de mieux vous attendrir pour mieux vous croquer.

Notons que cet état est intrinsèque à la majorité des vampires (nous verrons les exceptions qui confirment cette règle, entre autres avec le vampire grand prédateur). Cette différence de niveau énergétique crée un gradient qui permet le transfert d'énergie du plus vers le moins, notamment en termes d'estime de soi, donc un transfert de vous à lui.

Mais, dans les faits, l'estime de soi est variable d'un vampire à l'autre et, surtout, très fluctuante chez un même vampire selon qu'il est repu ou non.

On assiste à des périodes de surestime de soi (parfois proche de la mégalomanie), notamment chez les vampires très narcissiques quand ils sont repus des autres, associée à un mépris souverain d'autrui, allié à un autoritarisme, qui vont également alterner avec des périodes de très profonde mésestime de soi, d'angoisse, associées à des demandes d'aide insistantes durant lesquelles ils se montrent particulièrement offensifs.

On passe ainsi des attitudes de victimisation à des états nourris par des illusions de grandeur. Aussi ne faut-il pas imaginer que les vampires psychiques soient tous en état de grande souffrance apparente et qu'ils traînent une misère émotionnelle à l'instar des vampires mythiques qui traînent leur sinistre cape noire et leur teint blême. Beaucoup, malgré leur déficit émotionnel, ont en effet une allure flatteuse et aiment à fréquenter souvent ce qu'on nommait autrefois le « grand monde ».

Ils sont à chaque coin de rue

J'ai pu constater aussi que les vampires psychiques, contrairement à leurs ancêtres des Carpates, n'attendaient pas la nuit pour sortir.

On peut les rencontrer à toute heure et dans tous les milieux sociaux. Ils ne sont donc pas tous, tant s'en faut, des assistés ayant des difficultés matérielles, psychologiques ou affectives, sollicitant de l'aide ou mendiant de l'affection. Beaucoup d'entre eux occupent des postes élevés ou du moins enviables. Ils, ou elles, ont su profiter de l'énergie de leur entourage pour se hisser au sommet. Et ils, ou elles, savent profiter de leur situation élevée, de leur ascendant, de leur réputation pour pomper toujours plus autrui.

« On ne prête qu'aux riches » est un adage qui donne tout pouvoir aux vampires psychiques « haut de gamme ». Ils attirent ceux et celles qui espèrent briller à leurs côtés, tirer parti de leur entregent, de leur aura, de leurs moyens, de leur réussite. Les plus naïfs se font alors totalement vampiriser. Car, non seulement ils ne bénéficieront d'aucune aide, mais en ayant mis toute leur énergie au service des vampires psychiques, ils se sentiront vidés.

Les vampires à l'abri du besoin sont, hélas, souvent parvenus au sommet aux dépens d'autrui. Parmi ceux et celles qui ont accompli de belles carrières, il y a parfois un certain nombre de « cadavres » dans leurs placards.

Par exemple, dans un domaine que je connais bien, celui de la recherche universitaire, il y a ceux qui travaillent dans l'ombre et celui ou celle qui va cueillir les fruits du travail de ses collaborateurs dévoués, considérés par eux comme de « petites mains », et grâce auxquels ils pourront rencontrer la gloire.

Dans l'entreprise privée également, la réussite appartient encore trop souvent à ceux qui savent profiter du travail des autres, leur talent ressort plus du « faire-savoir » que du « savoir-faire ».

Il est donc important de prendre conscience où que ce soit des mécanismes de vampirisation que l'on peut subir.

Comment savoir si l'on est vampirisé ?

Le meilleur moyen pour repérer que vous êtes potentiellement vampirisé(e) par un individu est de prendre conscience de la façon dont vous vous sentez auprès de lui, et, surtout, comment vous vous sentez immédiatement après l'avoir côtoyé.

En général, nos ressentis varient d'un jour à l'autre. Or, en présence d'un vampire, il est rare que l'on se sente heureux, dynamisé ou nourri, que ce soit intellectuellement ou affectivement. Au contraire, vous serez le plus souvent fatigué, déprimé, déçu, tendu, confus, anxieux, en clair essoré, voire vidé.

Écoutons Rémi :

Quand je suis arrivé le soir à la maison, j'étais tout excité. Je venais de finir mon projet et j'avais reçu les compliments de mon chef. J'en parle à ma femme aussitôt et, au lieu de se réjouir avec moi, elle me balance qu'elle a eu une journée pénible et que j'aurais pu vider le lave-vaisselle, puis elle s'installe devant son ordinateur pour regarder une vidéo.

Je me suis senti alors totalement dépossédé de mon énergie positive. Comme si, d'un coup, elle m'avait évidé de ma joie.

En règle générale, lors d'une conversation avec un vampire psychique, il est assez peu question de vous. Ou alors seulement dans la mesure où vous pourriez être d'une quelconque utilité pour lui. Sinon, la conversation est unilatérale, sans véritable échange. Si vous tentez de vous exprimer, vous ne vous sentirez pas écouté. Le vampire va chercher un écho à ses propres dires, solliciter votre écoute, votre approbation, votre soutien, votre admiration, vos retours positifs, mais il n'aura cure de vos soucis, de vos réflexions ou de vos confidences.

D'autre part, il va le plus souvent essayer de vous « vendre » ou de vous faire croire quelque chose. Attention, ces façons d'être font partie des conduites communes, mais c'est le caractère systématique, univoque, répété de ce type d'interactions, qui signe le fait que vous êtes face à un véritable vampire psychique.

Si vous vous intéressez à l'existence de ce vampire psychique, vous comprendrez assez vite qu'il n'a guère de véritable vie intérieure.

À défaut d'être relié spirituellement à la vie, il est incapable de puiser directement aux sources de l'existence pour se restaurer psychiquement, comme le font ceux qui, par le biais de la méditation, de la relaxation, de la prière, du yoga, de la lecture, de la réflexion, de la contemplation, des activités culinaires, domestiques ou artistiques, du sport, du travail ou encore de l'amour, au sens large, savent se ressourcer.

Ainsi, ne peut-il se ressourcer qu'en parasitant la vitalité intérieure des autres. Il, ou elle, peut être très attrayant(e) physiquement. Avoir une belle enveloppe, prendre soin de son aspect extérieur, de son corps comme de sa tenue, posséder d'élégants accessoires de vie, de la belle voiture au dernier Smartphone, n'est, chez un vampire, qu'une écorce vide. Il n'est constitué que de ce qu'il prend aux autres. Il n'y a aucune véritable profondeur personnelle en lui. C'est un arbre creux.

Le regard est un élément moteur de son mode d'être. Il utilise en effet beaucoup ses yeux pour vous harponner. C'est un outil de manipulation et d'emprise très puissant. Dans les représentations anciennes comme contemporaines, un regard peut être hypnotique. On sait aujourd'hui combien le regard a son importance dans les interactions humaines, dans la communication non verbale et les relations d'emprise. D'ailleurs, certains vampires psychiques peuvent avoir de réels talents d'hypnotiseur, l'hypnose n'étant pas une technique très compliquée à maîtriser.

Votre attention est le canal privilégié par lequel le vampire psychique absorbe votre énergie vitale.
On l'a dit, le vampire a l'art de faire en sorte que la conversation tourne essentiellement, voire exclusivement, sur sa propre personne. Pour lui, pour elle, les échanges ne tournent qu'autour de « je, moi et moi-même ». Pourtant, il ne s'agit pas systématiquement de propos toujours valorisants à son égard. Certes, il peut s'agir de vantardises ou d'étalage de réussite, mais pas systématiquement, il prend plaisir à se mettre en scène de façon négative ou victimaire. Le vampire aborde aussi bien ses problèmes, ses difficultés, ses manques, sa solitude, ses soucis de santé que ses opinions, sa vision des choses, ou l'avis des autres sur lui ou elle, mais on ne quitte jamais son territoire.

D'autres, plus subtilement, sont moins verbeux, ils vont au contraire capter votre attention par une économie de mots. C'est avec le langage non verbal qu'ils vont agir et attirer votre attention. En l'occurrence, leur allure, leurs mines, leurs mimiques, leurs attitudes et leurs regards vont s'unir pour capter votre attention ou celle de la personne qui est à vos côtés, peut-être plus influençable que vous, ou plus empathique : plus capable d'admiration ou de pitié, de colère, de haine ou encore d'indignation. Il en est des vampires comme de certains panneaux publicitaires. Il y a ceux dont on parle ou qu'on retient par la puissance de leur message et les autres qu'on juge choquants, grotesques voire franchement ratés, mais dont on parle pour les mêmes raisons. Même scénario pour le vampire, on ne peut s'empêcher d'être parasité par lui ou par elle.

C'est cette pin-up ou ce bellâtre dans ce cocktail, qui par son comportement *too much* vous fait vous sentir moyen, pas « terrible », alors que vous avez fait des efforts singuliers. C'est cette dame âgée qui parle fort dans ce train, et qui vous impose sa conversation tournée vers ses innombrables problèmes de santé. C'est ce collègue lourdingue qui met une heure à vous transmettre des consignes ou des informations qui ne nécessiteraient qu'un mail de deux lignes. C'est ce voisin de table, lors d'un dîner, qui vous fait la liste de toutes ses propriétés. C'est cette collaboratrice qui pleure à chaque remarque négative. C'est cette soi-disant nouvelle amie qui va utiliser tout votre réseau relationnel à son profit.

Leur point commun ? Ils vous « pompent l'air », dans tous les sens du terme.

Pour le vampire, cette captation de l'attention est à la fois le moyen de s'abreuver, un peu à l'instar de la morsure du vampire de la mythologie, mais est aussi, heureusement, ce qui va rebuter autrui, ce qui va éloigner ceux et celles qui le peuvent (un peu comme la morsure aussi). Ce rejet social va conforter la position du vampire qui cherchera à vous apitoyer par les multiples trahisons, abandons, ruptures dont il ou elle aurait été victime avant de vous connaître, devenant ainsi le victimaire pour mieux faire de vous sa victime.

Ils ne se voient pas dans le miroir

Cependant, dans leur version, leur vision des choses, ils ne sont jamais responsables du rejet dont ils sont l'objet, c'est un autre de leurs signes distinctifs.

Ne comptez pas sur eux pour reconnaître (ou si peu) qu'ils se sont montrés pénibles, peu fiables, fatigants, désespérants, pleurnichards, offensants, égocentriques, ou encore angoissants. Le vampire psychique ne se remet pas en question, ou juste pour de faux, quand il a besoin d'attirer votre attention et votre empathie. En effet, pour lui, ce sont toujours les autres qui ne sont pas sincères, pas honnêtes, pas à la hauteur, pas solides, pas altruistes, ou encore bel et bien égotistes, froids, sans honneur, envieux, intolérants, voire, pire, féministes, machos, racistes, homophobes et j'en passe.

Au fait, si tout le monde les rejette, les vampires psychiques ainsi marginalisés ne devraient pas apparaître dans votre vie ni représenter un danger ! Que nenni ! D'abord, parce que, avant d'être rejetés, ils ont eu le temps de se nourrir de vous ou d'autrui. Ensuite, parce que les proies ne manquent pas au sein d'un groupe humain, entreprise ou collectivité quelconque. Mais, surtout, parce que, si l'on considère les faits, tout le monde ne les a pas rejetés. Pire, il n'est pas rare de voir des situations de vampirisme installées dans la durée, bien au contraire.

Les raisons ? Elles viennent d'abord de la personnalité du vampire et de sa capacité à séduire, à hypnotiser ou à leurrer, mais elles tiennent surtout à la personnalité de ses victimes. Nous verrons plus loin en détail le profil de certaines d'entre elles.

Il est certain que les individus qui ont une faible estime d'eux-mêmes, sans devenir vampires pour autant, sauront beaucoup moins bien se défendre que d'autres, et, paradoxalement, alors que ce sont ceux ou celles qui ont le moins à donner, vont être beaucoup plus aisément exploités par les vampires psychiques.

Mais il faut savoir aussi que les vampires psychiques ont tous un point commun : ils ne se voient jamais tels qu'ils sont.

Face à leur miroir, ils ne voient pas la réalité de leur être, à l'instar du vampire de la mythologie qui lui non plus ne voit pas son reflet dans une glace. Ils n'ont pas de regard objectif sur eux-mêmes et ne sont donc pas capables d'autocritique. Ils, ou elles, n'ont pas réellement conscience de leurs attitudes avec les autres, et si une prise de conscience les effleurait, elle serait aussitôt balayée par le déni. Quand ils rencontrent un problème relationnel, cela est toujours imputé à l'autre. « Mon père est absent, ma mère est folle, mes collègues sont nuls », etc. Les victimes, ce ne sont ni vous ni les autres, ce sont toujours eux.

S'ils sont souvent doués pour percevoir la personnalité de leur future victime pour s'y infiltrer, en revanche, ils n'ont guère de capacité d'introspection. Ils ne cherchent pas à s'analyser, à se regarder l'âme. D'ailleurs, pour avoir ce regard intérieur, ce retour sur soi-même, cette autoréflexion, il faudrait qu'ils puissent s'accorder certaines plages de solitude, qu'ils prennent le temps de l'introspection. Or le vampire psychique a bien du mal à être seul, si ce n'est pour dormir. Pourtant, et c'est là tout son paradoxe, comme il est souvent rejeté, il a plus de risques de se retrouver isolé. C'est aussi la raison pour laquelle, quand il tient une proie, il ne la lâche pas facilement. On pourrait s'étonner qu'il ne soit pas en quête d'une harmonie relationnelle pour que la relation ait davantage de chances de durer. Mais il faut comprendre qu'il se nourrit de toutes formes de relations, et notamment des relations conflictuelles qui vous font libérer, en tant que victime, beaucoup d'énergie, terreau dont il va se repaître (car, nous le verrons, toutes les émotions sont bonnes à prendre pour lui). Faire l'objet d'un blâme ne le traumatise pas, puisque cela lui octroie l'attention d'autrui, accroche indispensable pour lui. Ce point est fondamental pour comprendre qu'un vampire n'a pas toujours une apparence agréable pour vous, ce n'est pas un séducteur ou une séductrice patentée, mais quelqu'un qui s'impose à vous pour le meilleur ou pour le pire. Et plus souvent pour le pire.

Individuel, collectif ou autophage

Le type de vampirisme psychique décrit et étudié ici est celui qui interagit entre deux individus, l'un étant le vampire psychique qui va puiser dans la victime hôte l'énergie dont il a besoin de façon spontanée ou calculée.

Il faut cependant savoir que les vampires psychiques peuvent attaquer en bande.

Ce vampirisme collectif est le fait de groupes d'individus ayant des intérêts communs, que ce soit au sein d'organisations, d'associations, voire d'institutions qui tirent profit des autres en général, en exploitant par exemple les ressources naturelles, voire en abusant du bien commun ou de votre portefeuille.

Enfin, sachez que le vampire peut se vampiriser lui-même ! Il est alors à la fois vampire et victime, à l'image d'un vampire mythique qui sucerait son propre sang. Un comportement particulièrement autodestructeur. Tourné uniquement vers lui-même, celui-ci puise dans ses propres réserves, parfois au-delà de ce qu'il peut produire, d'autant plus qu'il interagit peu avec l'extérieur pour s'alimenter émotionnellement, affectivement ou intellectuellement. Il est alors confronté à un problème d'adaptation à lui-même, il est psychologiquement rongé, dévoré. Ses forces psychiques sont tournées contre lui. La traduction externe de cet autovampirisme correspond à des troubles qui ne sont pas rares durant l'adolescence, et auxquels les pédopsychiatres sont parfois confrontés : autodévalorisation, autodénigrement, automutilation, voire conduite anorexique. Il est possible que les suites de cet autovampirisme, s'il n'a pas été convenablement pris en charge puis guéri, donnent naissance à des conduites plus généralisées de vampirisme.

De la faiblesse transitoire à la folie

On l'a vu, un vampire exerce son emprise sur sa victime en se restaurant en énergie quand l'autre subit un état momentané de faiblesse. Il faut souligner que même une perte minime d'énergie, si celle-ci survient dans une période délicate dans la vie de l'hôte, peut avoir de lourdes conséquences sur lui. Un affaiblissement momentané de sa vigilance peut en effet être compromettant dans beaucoup de circonstances, on peut imaginer ce qui arrive à un chirurgien, un chauffeur de taxi, une enseignante, un ouvrier du bâtiment ou une puéricultrice, etc.

L'attaque du vampire est unique ou répétitive. La répétition des assauts, par un ou différents vampires, coup sur coup, provoque à long terme un affaiblissement psychique généralisé et des retentissements physiques très préjudiciables pour la santé de l'individu vampirisé. L'épuisement des ressources mentales et physiques occasionne toujours des symptômes somatiques et mentaux. Cela peut se manifester par une fatigue chronique, des troubles du sommeil, une irritabilité, des troubles du caractère, une intolérance aux frustrations, des troubles sexuels, des troubles de la mémoire, de l'attention et de la concentration, des symptômes anxieux, voire une humeur dépressive. Ces différents symptômes sont soit isolés soit associés. Sur le plan physique, toutes les maladies somatiques en lien avec la fatigue, le stress ou les baisses des défenses immunitaires sont provoquées ou facilitées par des causes extérieures. Les conséquences du vampirisme peuvent aller très loin, jusqu'à provoquer des épisodes délirants.

Écoutons le témoignage de Charles :

Ma femme a toujours été mon contraire. Moi, confiant, ouvert, riant de tout, dédramatisant, et elle, obstinée, méticuleuse, méfiante, orgueilleuse. Avec le temps, sa méfiance et son autoritarisme se sont aggravés. Moi qui aimais recevoir les couples d'amis à la maison, je n'y étais plus autorisé. Nous nous sommes peu à peu isolés de tous nos amis. Heureusement pour moi, il restait le travail où je fréquentais mes collègues et qui était ma bouffée d'oxygène. Ma femme apparaissait au fil du temps de plus en plus tendue. Elle se fâcha définitivement avec sa sœur et sa cousine, ajoutant un isolement familial à son isolement amical. C'est alors que la supérieure hiérarchique de ma femme partit à la retraite et fut remplacée par une plus jeune dont la présence, dès les premiers mois, porta sur les nerfs de mon épouse. Ma femme, qui est juriste dans cette entreprise, s'est sentie harcelée sur le plan professionnel. On ne parlait plus que de cela à la maison. Elle devenait de plus en plus nerveuse, agressive, elle se sentait persécutée. Elle n'en dormait plus et, par voie de conséquence, moi non plus. Je me suis laissé entraîner par ses problèmes et, à mon tour, j'en voulais à mort à sa chef. Je songeais même à aller crever les pneus de sa voiture. Puis ma femme me dit que nous étions sur écoutes téléphoniques, car sa chef avait des amis au gouvernement. J'ai adhéré à son délire dans un premier temps jusqu'à ce que je réalise que c'en était bien un. Ma femme délirait. Ma rencontre avec sa chef, des échanges avec ses collègues, notre médecin de famille, ont fini par me faire prendre conscience que ma femme était paranoïaque.

Son raisonnement était cohérent, mais son idée de départ était totalement fausse. Et moi, j'étais entré dans son délire, contaminé par lui. Ce fut le point de départ de mon désir de rupture. Je suis aujourd'hui séparé, mais elle m'a fait vivre un véritable enfer avant que je puisse refaire ma vie.

Les vampires ayant une personnalité paranoïaque sont très convaincants. Leur délire ne part pas dans tous les sens, il est structuré et on y adhère facilement. Pour constater combien on peut facilement se laisser entraîner, prenez les théories du complot, et voyez le succès qu'elles remportent. Tout se passe comme si le vampire avait besoin de vous contaminer pour être moins seul à porter ses angoisses. Adhérer à son délire, c'est le soulager, c'est porter sa croix avec lui. Certes, lui, ou elle, sont soulagés, mais à quel prix ! Celui de votre épuisement. Pour reconnaître un vampire psychique paranoïaque, voici quelques comportements clés.

- C'est quelqu'un, homme ou femme qui a toujours le sentiment qu'on se sert de lui, qu'on veut lui nuire ou qu'on le trompe. C'est la raison pour laquelle vous n'imaginez pas qu'il puisse vous leurrer et abuser de vous. D'autant qu'il n'a de cesse qu'il ne vante la loyauté, la fidélité dont il accuse son entourage de manquer.
- Il est réticent à se confier, par défiance chronique.
- Il est rancunier, jaloux. Il voit le mal partout, repérant des allusions négatives derrière tout propos.

– Peu affectif, il se veut rationnel et apparaît psychorigide.
– *Last but not least,* le vampire paranoïaque ne se remet jamais en question.

Générateurs de négativité

Les vampires psychiques, comme leurs ancêtres de la mythologie, ne sont pas véritablement heureux. Quand ils le sont, ce n'est que momentanément et à l'occasion de l'absorption de votre énergie vitale. S'ils vous dévalisent de votre force d'âme, c'est volontairement, mais aussi parce que c'est leur nature. Ce besoin est plus fort qu'eux. Il est surtout indispensable pour eux de fonctionner ainsi, car ils ne savent obtenir cette énergie sans en déposséder autrui. Ils ne sont pas autonomes. Seuls, ils dépérissent. Aussi, leur objectif premier est-il de trouver en permanence, dans une quête éternelle, une ou plusieurs proies pour en disposer en cas de besoin. Les différents liens sociaux : amitié, relations de travail, relation de couple, relations de soins, relations familiales, aides sociales, solidarité nationale, bref tous les types d'interactions vont servir de cadre afin de rendre possibles les diverses occasions liées à leur vampirisme.

Le vampire psychique ne se contente pas d'aspirer la force psychique d'autrui à l'instar du bébé tétant le sein de sa mère. Pour préparer le terrain, il est parfois amené à créer une forme de négativité chez ses victimes, à les affaiblir, à les manipuler un minimum pour les rendre plus vulnérables. De ce point de vue aussi, il s'apparente au vampire de la mythologie qui se doit de maintenir, d'asservir ou d'annihiler sa proie pour mieux s'en abreuver. En fait, la négativité que le vampire psychique va induire chez sa victime est provoquée par l'assimilation de la positivité de cette dernière, comme un corps chargé d'électricité positive qui, la perdant, se verrait chargé uniquement d'électricité négative.

Rappelons que toute matière a, parmi ses propriétés, au même titre qu'elle a une masse par exemple, une charge électrique qui lui permet d'interagir par le biais de champs électromagnétiques (comme la masse interagit avec la gravitation). Les Grecs anciens l'avaient déjà découvert en observant que le frottement de la fourrure sur certaines matières, tel l'ambre, produisait un déséquilibre des charges électriques. En effet, les boutons chargés d'ambre pouvaient attirer des substances élémentaires telles qu'un poil. En frottant l'ambre chargé on pouvait même faire naître une étincelle. D'ailleurs, le mot électricité dérive du mot grec qui désigne l'ambre. Il existe deux types de charges électriques, une positive et une négative. Dans les matières, les particules nommées protons portent une charge positive. Les particules nommées électrons en portent une négative. Dans la matière ordinaire, il y a équilibre entre les charges positives et négatives, on parle de neutralité électrique. Le courant électrique peut avoir différentes causes : un écoulement de particules positives, un écoulement de particules négatives, ou bien un écoulement de particules positives et négatives dans des sens contraires.

Entre un vampire psychique et son hôte il ne s'agit pas stricto sensu de courant électrique, mais l'image d'un courant d'énergie qui quitte l'hôte pour le vampire est une métaphore parlante. Pour poursuivre avec cette image, on a vu que les vampires ne pouvaient recharger leurs batteries sans se brancher sur autrui. Ils ne les rechargent pas en « circulant » dans la vie comme le font leurs victimes grâce à divers agissements : en lisant, en rêvant, en se cultivant, en écoutant, en aimant, en créant, et ce sans forcément se nourrir aux dépens des autres...

Les vampires psychiques ne sont pas détenteurs de pouvoirs surnaturels. Ils s'inscrivent donc simplement dans un rapport de force donc de faiblesse, d'emprise et de soumission, de dépendance et d'ascendance. Ils prennent ce qu'on leur donne, spontanément ou non. Ils peuvent aussi, comme tout un chacun, user de charme, de séduction, de changement d'humeur, de culpabilisation, de manipulation, voire d'intimidation. Et il peut bien sûr arriver que la victime soit lucide et consentante.

Le vampire se nourrit de *toutes* vos émotions

Le vampire fait feu de tout bois avec vos émotions. Il les absorbe et s'en repaît. Ce qui l'intéresse, au-delà de ces émotions, c'est l'énergie qui les sous-tend, qui les porte. Si paradoxal que cela puisse paraître, c'est parfois par le biais de votre colère que vous pouvez vous faire vampiriser. Que ce soit en famille, en couple ou au travail, le vampire ne craint pas les conflits, il lui arrive même de les provoquer. Quand nous en voulons à quelqu'un, que nous éprouvons de la colère contre cette personne, nous lui accordons beaucoup d'attention et beaucoup d'énergie. Une grande partie de notre énergie est centrée sur cet individu. Quand quelqu'un nous a contrarié, blessé, trahi, humilié, volé, nous pouvons parfois lui en vouloir de façon obsessionnelle. Il ou elle peut occuper en permanence notre esprit, guidant nos pensées, nos actions, nos sentiments à son égard, asséchant par là même notre vigueur. Le vampire se nourrit bien sûr de tout cela.

À l'inverse, le vampire psychique peut profiter aussi, malheureusement, de notre retenue défensive. Il nous arrive, pour éviter les conflits, d'avoir trop souvent tendance à cacher nos ressentiments, notre désapprobation, nos besoins et désirs. Par conséquent, nous sommes amenés à encaisser régulièrement le manque de respect, les critiques infondées, les moqueries, parfois même jusqu'aux mauvais traitements. Dans ce type de relations abusives, où l'on se tait non par lâcheté, mais par peur de notre propre violence, pour ne pas en « rajouter », pour ne pas mettre de l'huile sur le feu, ou par compassion parfois à l'égard de notre agresseur qui peut être un parent ou quelqu'un chez lequel on a perçu une souffrance qui nous touche, on va brûler à petit feu notre vivacité, notre ardeur et fournir à l'autre toujours plus de puissance.

Si se nourrir de vos émois et sentiments divers est le propre des vampires psychiques, ceux-ci sont loin de tous se ressembler.

2. LES DIFFÉRENTES ESPÈCES DE VAMPIRES PSYCHIQUES

On a vu que les mythes des vampires suceurs de sang ou voleurs de vie, communs à toutes les sociétés, sont sans doute l'expression symbolisée de ces vampires bien réels qui existent depuis les toutes premières civilisations humaines. Cette diversité de vampires psychiques est à l'image des différents mythes concernant les vampires en général. En effet, selon les époques, les pays et les cultures, leur description varie. Même les vampires d'une même culture peuvent adopter différents aspects. Ainsi le vampire roumain (ou *strigoi*) peut être un mort sorti de son tombeau, mais il est peut-être devenu vampire pour diverses raisons (malédiction reçue, péché commis, pratique de la magie), voire simplement être né vampire. S'il peut être mort, il peut donc tout aussi bien être vivant, et n'est donc pas nécessairement mauvais, s'apparentant davantage à un sorcier. Ce n'est pas un être froid, insensible ou stupide à l'instar du zombie. De surcroît, il a le sang chaud, un cœur qui bat et un cerveau actif. C'est un être doué de passion, capable d'aimer (d'un amour volontiers destructeur cependant) et d'éprouver des désirs physiques. Ce *strigoi*, selon Jean-Paul Ronecker[1], sorte de chaman des religions anciennes, est le plus proche des vampires originels face auxquels la religion chrétienne

1. *Vampires (B.A-BA)*, Pardès, 1999.

s'est placée en rempart, d'où l'importance de la foi (via le symbole de la croix) comme moyen de protection.

On l'aura compris, le besoin de se nourrir de vous est le point commun de nos vampires, qui peut conduire à un affaiblissement physique et mental généralisé pouvant aller jusqu'à la consomption. Cette aspiration du psychisme est d'ailleurs parfois involontaire, c'est parfois un simple réflexe de la part de certains individus qui ne sont pas stricto sensu des vampires, ou, pour le dire différemment, qui ne le sont pas en permanence. En revanche, certains individus vont sciemment vous parasiter. Il faut alors adopter des stratégies de défense pour se prémunir contre leur appétence psychique.

Ces vampires ont des apparences et des personnalités diverses, ce qui rend difficile de prime abord leur identification.

Hommes ou femmes, jeunes ou personnes âgées, parents, collègues ou inconnus. On les trouve dans tous les milieux professionnels : médecins, avocats, chefs de chantier, danseuses professionnelles ou banals collègues de bureau. On l'a dit, la plupart des vampires psychiques sont des opportunistes qui vont profiter de vous sans forcer. Cependant, le vampire, pour avoir un accès régulier à ses proies, peut aussi faire preuve d'ingéniosité. Il a alors plus d'un tour dans son sac et est capable d'employer des ruses qui varient selon ses compétences et selon la personnalité de sa victime. On l'a vu précédemment, son objectif premier n'est pas de faire souffrir ceux et celles dont il abuse. La plupart d'entre eux ne sont ni sadiques, ni pervers et ne prennent aucun plaisir à faire du mal à autrui. S'ils profitent des autres et qu'ils doivent pour cela les tromper ou les manipuler, c'est juste dans le but de répondre à leurs propres besoins. Leur jouissance, si jouissance il y a quand ils tirent profit de leur victime, provient de la seule réponse donnée à leurs besoins. D'ailleurs, dans tous les mythes qui font référence aux vampires, ces derniers ne mordent ni ne tuent par cruauté, mais simplement pour survivre.

Toutefois, on ne peut nier qu'une partie d'entre eux, bien qu'ils ne soient pas la majorité, tirent bénéfice de l'ascendant qu'ils exercent sur leur proie et vont se complaire dans un sentiment de pouvoir, à l'instar d'un enfant qui s'amuse de voir son entourage céder à ses caprices. Enfin, la nature humaine embrassant parfois de sinistres hybrides, il arrive, hélas, que l'on croise sur son chemin un vampire psychique doublé d'un pervers narcissique. Certains vampires, heureusement rares, sont de véritables manipulateurs. Ils usent de plusieurs techniques de manipulation mentale que je vais m'employer à décoder ici. En effet, la première étape pour s'en protéger après avoir compris qu'on est vampirisé est de prendre conscience des outils utilisés par votre vampire pour prendre le pouvoir sur votre esprit et parfois sur votre vie.

A. Les vampires manipulateurs

Le vampire grand prédateur

Nous allons voir que beaucoup de vampires psychiques se montrent touchants du fait de leur fragilité, de leur passivité, de leur dépendance totale ou d'un passé marqué par divers dysfonctionnements familiaux. D'ailleurs, cette souffrance des vampires est aussi décrite chez les vampires de la mythologie, y compris dans les fictions littéraires les plus récentes. En revanche, d'autres vampires psychiques s'affichent tels de grands prédateurs : dominants, cyniques, manipulateurs et potentiellement dangereux. Ils ou elles vont exercer sur leur victime, qu'elle soit partenaire, collègue, employé, client ou simple parent, une emprise volontaire et active. La mauvaise foi est l'outil habituel de leur mode de fonctionnement. En voici une illustration :

Myriam était en couple avec un homme, Mehdi, dont elle était encore éprise quand elle prit progressivement conscience qu'il la traitait en vassale. Il exigeait toujours plus d'elle tout en la rabaissant, en échange d'une pseudo-protection, certes rassurante pour cette femme anxieuse, mais qui se révéla être une prison pas même dorée. Un jour, rentrant plus tôt que d'ordinaire, Myriam surprit son mari en flagrant délit d'adultère avec une femme qu'elle connaissait de vue. Mais Mehdi jura que les apparences jouaient contre lui et défendit sa bonne foi avec une telle énergie que Myriam se mit à douter de ce qui était pourtant irréfutable.

Comme on le voit ici, le vampire grand prédateur est comme un poisson dans l'eau dans l'univers du mensonge et de la manipulation.

Face à vos intuitions et aux détails troublants, voire aux preuves que vous détenez, il mêlera dans sa justification le vrai avec le faux, mais, surtout, il remettra en question votre jugement en saisissant chez vous la moindre inexactitude pour vous démontrer que vous vous trompez. Et ce afin de vous maintenir en état de dépendance, voire de soumission, pour se nourrir de vous. Il met en place, dès le début de la relation, pour l'amplifier progressivement, tout un système de lavage de cerveau qui fera que vous finirez par douter totalement de vous, de vos convictions, de votre faculté de discernement. Il s'imposera alors à vos yeux comme *le* sujet fiable et dominant, en opposition à votre instabilité psychologique ou intellectuelle qu'il n'aura de cesse qu'il ne vous prouve. Tout se passe comme si vous deveniez en sa présence un jeune enfant soumis à l'omniscience de ses parents.

Myriam se souvient *:*

Je me disais, chaque fois, qu'il y avait sans doute des éléments qui me faisaient défaut pour bien évaluer les situations, qu'il y avait quelque chose que je n'avais pas compris, voire, quand Mehdi me manquait de respect, qu'il avait de bonnes raisons pour se conduire de cette façon.

Le vampire grand prédateur n'est pas pervers, au sens où il ne cherche pas à jouir de vos malheurs.

Ce ne sont pas vos souffrances qui l'intéressent. Elles ne sont pour lui que des conséquences collatérales qui ne font pas partie de ses objectifs. Cependant, si vos tourments ne lui font pas plaisir, ils ne l'émeuvent pas pour autant. Il y est totalement indifférent. Ce qui le motive, comme pour tout autre vampire, c'est juste que vous répondiez à ses besoins. Car, au contraire des pervers narcissiques, les vampires grands prédateurs ne sont pas hermétiques à la frustration et peuvent avoir du mal à maîtriser leur colère, voire leur violence quand ils y sont soumis. Ce sont des êtres totalement narcissiques. Ce n'est pas le lot commun de tous les vampires. Un certain nombre d'entre eux sont tout à fait capables de sentiment amoureux, même si leurs besoins prennent toujours le pas sur leur amour s'ils devaient être mis en balance.

Quant au grand prédateur, il n'aime que lui. Il peut bien sûr s'attacher à son ou à sa partenaire, dans la mesure où il/elle accepte de le « nourrir » sans le frustrer, mais c'est un attachement sans aucun autre élément commun à la définition de l'amour : il ne contient ni empathie, ni tendresse sincère, ni attention aux besoins ou aux désirs de l'autre, encore moins l'illusion de ne former qu'un avec lui. Le jour où sa « proie » exprime ses propres besoins, pour peu que ces derniers soient en contradiction avec les siens, il va tout faire pour les nier, les déconsidérer, les délégitimer, les ridiculiser. Qu'on cherche à le remettre en question, et l'on n'a droit qu'à des sourires cyniques ou à des réponses déstabilisantes telles que : « Arrête de projeter sur moi tes défauts », ou bien : « Mais oui, c'est ça ! bien sûr, j'ai tous les torts », ou encore :

« Qui te monte la tête ? », autant de répliques qui ne seront jamais associées à un quelconque sentiment de culpabilité, pour la simple raison que ces vampires en sont totalement dépourvus.

Le vampire grand prédateur peut bien sûr se montrer aimable, charmeur, voire généreux par moments, émouvant dans ses désirs comme dans ses retournements. Mais, sur le long terme, on prend conscience qu'il ne s'agit que de froids calculs s'inscrivant dans une stratégie de conquête et d'emprise. Au fil des jours, certaines remarques, petites phrases, attitudes et mimiques expressives vont être distillées, provoquer du stress, voire un sentiment d'humiliation, déstabiliser afin d'affaiblir progressivement les défenses de sa victime, d'acter ainsi sa dépendance pour mettre celle-ci sous sa coupe.

Écoutons Luc :

Avant chaque exposé ou réunion de présentation, Édouard, mon N+1 dans l'entreprise, me mettait mal à l'aise par une remarque déplaisante, tout en souriant, ce qui me parasitait et perturbait la qualité de ma présentation. Si, au final, je parvenais à être content de moi, il ne me complimentait jamais, mais il rapportait systématiquement les propos d'untel qui pointait une erreur ou une maladresse de ma part, tout en prétendant avoir essayé de me défendre. Il concluait en me disant que je n'étais certes pas au point, mais qu'il récupérait tout cela après. J'ai compris, trop tard, qu'il déformait ou inventait tout simplement ces critiques rapportées et qu'il s'attribuait auprès des autres la paternité des contenus appréciés dans ma présentation.

Le vampire grand prédateur connaît toutes les ficelles de la manipulation. Par exemple, s'il semble venir en aide à quelqu'un parmi vos proches, c'est toujours avec une arrière-pensée, comme celle d'en faire son obligé ou de paraître altruiste aux yeux de votre entourage (et ainsi prévenir toute critique de votre part à son endroit). Il peut engendrer des discordes et s'en nourrir pour démontrer que vous faites preuve d'agressivité. Ses principales victimes sont communes à d'autres types de vampires : ceux et celles qui ont le désir d'aider et qui, par conséquent, ont beaucoup à donner...

Ces vampires grands prédateurs existent aussi – on l'a vu avec le témoignage de Luc – dans le monde du travail. S'ils occupent des postes de dirigeants, il est aisé pour eux de tirer profit personnellement du travail de leurs collaborateurs. Ils utilisent ainsi l'énergie de leurs salariés, voire, s'ils sont chefs d'entreprise, l'argent des actionnaires, sans consacrer aucunement leur propre énergie au service de la croissance de l'entreprise, quitte, au besoin, à maquiller les chiffres sans vergogne. S'ils occupent des postes de subordonnés, ils peuvent faire preuve d'une présence appuyée, s'agiter beaucoup pour, finalement, ne brasser que du vent. Ils semblent également s'impliquer dans les problèmes de leurs collègues, être de tous les pots, connaître les dates d'anniversaire, demander des nouvelles des enfants, communiquer avec chacun sur les difficultés de ceux avec lesquels ils prétendent compatir, mais, malgré cette omniprésence, ils ou elles ne fournissent aucun travail et en réalité ne donnent rien, n'apportent aucun projet, abusant de l'énergie et se reposant sur le travail de leurs collègues, qui se sentiraient bien malveillants ou ne se hasarderaient pas à leur en vouloir tant ces collègues vampires sont bien vus et bien en vue. Ils ont construit autour d'eux les marques de leur intangibilité. Pour eux, une place en or peut être celle de délégué syndical, position qui les met à l'abri d'un licenciement, leur permet de profiter d'avantages en nature ou de tout ce que l'entreprise peut leur apporter en donnant le minimum, usant le cas échéant de menaces, tout en faisant croire qu'ils ont à cœur de défendre des salariés alors qu'en réalité ils ne défendent que leur propre intérêt. En ce cas, leurs victimes sont autant l'entreprise que le syndicat.

Certains autres, sans avoir l'envergure et la puissance du vampire grand manipulateur, vont user spécifiquement de telle ou telle ruse pour mieux vous exploiter.

Le culpabilisateur

Un des stratagèmes du vampire psychique est d'agir sur la responsabilisation. Il va faire en sorte que vous vous sentiez responsable, voire coupable, de ne pas répondre positivement à ses demandes.

Doris travaillait comme responsable des ventes dans le commerce tenu par sa tante, elle a fait l'amère expérience de cette manœuvre souvent utilisée par les vampires psychiques pour profiter de leur victime sans que celle-ci se rebelle. Écoutons-la :

Quand ma tante m'a proposé ce travail, je lui en fus très reconnaissante. Je venais d'être licenciée de mon précédent poste pour des raisons économiques et je craignais de ne pas retrouver d'emploi. C'est aussi la raison pour laquelle j'ai accepté un salaire inférieur. D'ailleurs, ma tante m'avait promis une augmentation quand les affaires iraient mieux pour elle. Elle n'a pas eu à le regretter, car j'ai donné d'emblée le meilleur de moi-même. Je n'ai jamais compté mes heures et je ne me suis accordé aucune place pour mes loisirs. Je n'avais jamais droit à des heures supplémentaires que je n'osais d'ailleurs pas réclamer. Sur mes jours de repos, ma tante me demandait fréquemment des services personnels, plus en tant que parente qu'en tant que patronne, comme lui faire des courses ou de menus travaux. Quand j'étais fatiguée ou que j'avais prévu de faire des choses pour moi, comme me rendre à un rendez-vous chez le médecin ou chez le coiffeur et que je lui faisais part de mes réticences, elle avait toujours une réplique qui me rendait coupable. « Je comprends, mais je pensais que dans ma famille je n'aurais pas affaire à des ingrates », « les jeunes d'aujourd'hui pensent d'abord à eux plutôt qu'à rendre service. Bon, je vais faire avec, malgré mes douleurs au dos », ou encore : « Tu peux bien faire cela pour moi, je t'ai fait confiance depuis toujours. » Finalement, je renonçais à me reposer ou à agir pour moi et je cédais à ses demandes.

Doris a bel et bien été victime de sa tante. Celle-ci a vampirisé son temps et son savoir-faire pour son propre profit. Bien sûr, Doris a été rémunérée pour son travail, mais ce qui lui a été demandé dépassait largement le champ de ce pour quoi elle était rétribuée. Sa tante a proprement abusé d'elle, Doris a été exploitée. Si elle a été cette victime consentante durant plusieurs années avant de comprendre qu'elle était vampirisée, c'est parce que sa tante a toujours su s'appuyer sur le levier de la reconnaissance de sa nièce à son égard. Engagée par sa tante alors qu'elle venait de perdre un emploi, donc dans un état de fragilisation morale, comme l'est presque tout un chacun après un licenciement, elle s'est considérée à vie comme redevable vis-à-vis de celle-ci. Mais le remboursement de cette dette s'est révélé sans fin pour atteindre un seuil bien trop élevé. Le lien de filiation entre la nièce et sa tante (Doris avait perdu sa mère deux ans auparavant) a encore renforcé ce lien de dépendance. Cette femme n'avait plus qu'à user du sentiment de culpabilité pour obtenir ce qu'elle voulait, Doris s'imaginant fautive chaque fois qu'elle n'en faisait pas toujours plus pour elle.

Ces vampires culpabilisateurs savent repérer chez leur future victime cette propension à se sentir facilement coupable. Ils se servent de la bonne image que la future victime veut donner d'elle-même pour la pousser à agir volontairement dans le sens qu'ils souhaitent.

Toujours afin de les repérer, sachez que ces vampires, au début de la relation, donnent un peu, parfois plus, à celle ou à celui qui n'est pas habitué à recevoir. Pour ces vampires culpabilisateurs, c'est un placement sur l'avenir, dans le but non avoué de recevoir beaucoup plus en contrepartie. Ils n'hésitent pas, si nécessaire, à se faire passer pour des victimes, faire état de leurs problèmes de santé ou autres afin de susciter votre empathie, votre instinct de protection, voire votre fibre philanthropique. Ils poussent l'impudence, comme certains parents, à prétendre s'être ou se sacrifier pour vous : « Avec tout ce que j'ai fait pour toi, tu pourrais me rendre un peu ! », avait coutume de dire la mère de Carla, 42 ans, qui était éternellement insatisfaite, malgré le soutien de sa fille, jusqu'à ce que celle-ci comprenne que sa mère n'avait fait ni plus ni moins que son devoir de mère, et plutôt moins que plus quand elle se remémore son enfance, comprenant alors que la « dette » qu'elle devait à ses parents, elle l'avait largement payée. Le chantage affectif est la marque de fabrique de ces vampires culpabilisateurs. Ils cherchent à vous persuader qu'ils agissent uniquement dans votre intérêt, et ils se montrent, en bons tartuffes, vraiment peinés, voire mortifiés, si vous doutez de leur bonne volonté. Inutile de chercher à discuter sereinement de la situation qui vous semble injuste, ils fuiront la discussion s'ils se sentent remis en question et feront mine de prendre pour des reproches de simples constats. Ils peuvent être flatteurs, mais quand ils font des compliments, ceux-ci cachent ou sont associés à des reproches comme à des sous-entendus culpabilisants. Ils sortent vos propos de leur contexte pour mieux les dénigrer et n'oublient jamais de pointer vos manquements, quitte à prétendre relativiser leur gravité. En revanche, ils nient toujours vos besoins et vos désirs. Ils prêchent le faux pour savoir le vrai. Et quand ils vous posent des questions, ils exigent des réponses précises. En revanche, ils n'aiment pas répondre aux mêmes types de questions intrusives, et usent de mensonges ou du chantage pour parvenir à leurs fins. Ils sont parfois de vrais caméléons donnant d'eux-mêmes différents aspects en fonction de leur entourage ou du contexte. Mais, le plus souvent, bien que se posant en victimes ou jouant les modestes, ils se montrent sûrs d'eux, pensent détenir la vérité, et, bien sûr, ne se remettent jamais en question.

L'enfumeur

Le vampire enfumeur va affirmer que les choses ne se sont pas déroulées comme vous le prétendez, quand bien même vous seriez sûr de ce que vous relatez. Enfumer, en argot, dérive de l'emploi métaphorique du verbe enfumer, c'est-à-dire « envelopper de fumée », avec ici l'idée de masquer des intentions malhonnêtes. Ses synonymes sont gêner, mystifier, berner, tromper ou mentir. Un vampire enfumeur va l'être avec un tel aplomb que vous en viendrez à douter de votre propre mémoire et de vous-même. Il ou elle va réécrire le cours des événements ou, au mieux, tout réinterpréter avec l'assurance de celui qui détient la vérité. C'est la collègue qui va affirmer avoir fait tout le travail, alors qu'elle s'est contentée de tirer les conclusions de vos recherches, cependant elle ne va pas en démordre, malgré vos dénégations. Pis, elle n'hésitera pas à vous agresser en vous disant que vous racontez n'importe quoi, que vous êtes un usurpateur qui se fait passer pour une victime. Si vous avez grandi dans un univers réglementé, entouré de parents honnêtes, vous serez désorienté par cette déformation de la réalité. Ce manque de scrupules va vous surprendre, vous dérouter, vous assommer. Il se crée une dissonance dans votre esprit et vous allez imaginer que vous vous méprenez.

Pour contrer cela, il faut déjà vous faire à l'idée que l'honnêteté intellectuelle n'est pas partagée par tous et que des gens sans vergogne usant de l'enfumage existent bel et bien. Car le vampire enfumeur n'a ni état d'âme, ni problème de conscience. Sa morale n'est pas la vôtre. C'est pour lui, sinon la loi du plus fort, du moins la loi du plus rusé. Pour lui, la fin et la faim justifient les moyens. Et il use du mensonge comme vous de la vérité. Ou plutôt il utilise des falsifications de la vérité avec une part fondée et une part fausse s'inscrivant dans la première. En mêlant mensonge, franchise partielle, exagération et vérité, il vous déstabilise.

Ensuite, toujours pour le contrer, il faut vous appuyer sur d'autres voix que la vôtre. Par exemple, dans le cadre professionnel, vous allez prendre appui sur le témoignage de vos collègues ou collaborateurs. Il faut aussi vous référer à vos actions, aux preuves concrètes de ce que vous avancez. Sinon, il faut écrire. Vous le ferez pour vous afin que vos dires soient concrétisés et affermis par des références écrites pour cesser de douter de ce que vous avancez. Vous le ferez aussi pour avoir des traces écrites, qui seront autant d'arguments pour affirmer votre vérité auprès de tiers. C'est pourquoi il est également utile d'envoyer des courriels chaque fois que vous avez des échanges, que vous avez des éléments à communiquer ou bien que vous menez des actions dans lesquels vous résumez tout cela.

Cependant, là encore, l'objectif du vampire enfumeur n'est pas de vous nuire, mais de profiter de vos idées, de votre travail, de votre énergie, il ne va donc pas chercher à vous détruire. Au contraire, il a besoin que vous soyez opérationnel pour continuer de le « nourrir ». Alors, s'il sent que vous n'êtes plus dupe, il se défendra pour protéger sa réputation et continuer son travail de vampire en enfumant quelqu'un d'autre.

Le mordeur

Néanmoins, le vampire enfumeur peut parfois se montrer offensif et se transformer en vampire mordeur dans le but de vous soumettre et ainsi de continuer à profiter de vous. En effet, le vampire psychique n'a à cœur, je le répète car c'est essentiel, que de servir d'abord ses intérêts. Ses visées sur vous sont purement intéressées, son objectif est de tirer bénéfice de vous. Il mesure clairement ce qu'il pourra obtenir avec le moindre effort possible. Dans ce but, il cherchera à vous instrumentaliser autant que possible, jusqu'à plus soif.

N'essayez pas de compter sur la discussion pour lui faire entendre raison ou reconnaître ses torts. La mauvaise foi domine chez le vampire mordeur. Pis, elle est constamment présente. Il n'hésitera pas à vous attribuer ses propres conduites ou intentions. En psychanalyse, on appelle cela le mécanisme de projection. Ainsi, ne soyez pas étonné de l'entendre prétendre que vous profitez de lui ou d'elle ou que vous êtes absolument ingrat. Le vampire mordeur déviera incessamment la conversation par des arguments fallacieux, des formules toutes faites, des raisonnements trompeurs du type : Un problème comporte toujours au moins une solution. Donc, s'il n'y a pas de solution, il n'y a pas de problème. Ou encore : Le ridicule ne tue pas ; ce qui ne nous tue pas nous rend plus fort ; donc le ridicule nous rend plus fort. Ces sophismes, par définition illogiques, sont l'équivalent pour le vampire mordeur de la poudre aux yeux du prestidigitateur. Il caricaturera vos propos, espérant que vous perdiez votre énergie à rétablir la vérité en vous justifiant. Il déformera vos propos pour mieux les attaquer. Et il ne se contentera pas d'attaquer vos propos par ailleurs déformés, il s'appuiera sur eux pour attaquer la personne que vous êtes et vous faire passer pour quelqu'un de suspect ou de mauvais en se positionnant comme votre victime, pouvant dire par exemple, alors que vous exprimez votre mécontentement face à sa conduite : « Donc je suis la pire des crapules, et toi, bien sûr, tu es parfait. » À cela pourront s'ajouter menaces voilées et chantage.

La conduite à tenir avec ce vampire mordeur est de refuser de discuter, d'assister silencieusement à son numéro spectacle. Renoncez à raisonner. Sa force est la mauvaise foi, ne perdez donc pas votre temps. Contentez-vous de lui dire et de lui répéter, tel un disque rayé, que vous ne voulez plus avoir affaire à lui ou à elle. Et n'hésitez pas à déposer plainte en cas de menaces.

L'annihilateur

Toutefois, le vampire peut aller au-delà de la morsure. Toujours dans l'idée que vous restiez sa proie et de continuer à vous vampiriser sans entraves et sans vergogne, il va tout faire pour vous isoler. Au fil de la relation, le vampire devenu annihilateur va vous couper des gens que vous aimez et qui sont pour vous des soutiens. Il va régulièrement, et plus ou moins subtilement, dénigrer vos proches en profitant de malentendus ou de moments de faiblesse dans la relation. De même, par petites touches successives, le vampire annihilateur va vous faire douter des qualités ou des compétences qui jusqu'alors vous caractérisaient. C'est un lent travail d'érosion mentale, nourri d'insinuations, de fausse innocence et de vraies attaques contre ce que vous aimez, vos modèles et ce qui vous définit. Ainsi ce témoignage :

« Au bout de quelques années de relation, j'ai fini par me croire moche et bête. Moi qui avant de le connaître étais si confiante en ma réussite et si courtisée, j'ai fini par penser que j'avais de la chance qu'il ait bien voulu de moi », me confie Sonia, 40 ans, victime d'un compagnon qui l'a isolée longtemps des autres et d'elle-même pour mieux l'avoir à son service.

L'imposteur

L'imposture, le mensonge, la mauvaise foi, la duplicité sont des vices répandus chez les vampires psychiques, d'autant moins repérables qu'ils sont portés par un charmeur ou une enjôleuse. Certains sont de véritables mythomanes. Tous les types de fourberie sont pratiqués, que ce soit taire des faits, transformer volontairement des vérités, dire des demi-vérités qui se révèlent de complets mensonges ou utiliser des artifices qui entraîneront une erreur de jugement.

Le vampire imposteur a l'art et la manière de communiquer des éléments de vérités associés à des contre-vérités plus complexes à vérifier. Il adore diviser pour mieux régner en donnant des versions différentes ou des informations incomplètes aux uns et aux autres, et ce afin d'empêcher la vérité d'apparaître. Il est aussi roi pour créer des dissensions entre vous et votre entourage dans le but non avoué de vous isoler et de vous rendre plus dépendant de lui. Ne vous fiez pas aux apparences pour déceler le mensonge. Si le regard fuyant, un grattement de nez ou un ton mal assuré peuvent trahir un menteur novice ou peu expérimenté, ceux-ci ne sont d'aucune utilité pour dévoiler un vampire imposteur qui ment comme il vampirise. Seul le contenu du discours, quand il est bien analysé, peut vous aider. Il y manque souvent les détails, et les propos manquent de précision. Quand il y a du flou, il y a un loup. En revanche, quand il répète sa version, elle est toujours identique à la précédente, comme si elle était récitée.

C'est pourquoi, en cas de doute, il convient de mener sa propre enquête pour vérifier chacun des faits, demander des précisions. Il est important de prendre son temps. La vérité attend, seul le mensonge est pressé. Mais le meilleur outil du vampire imposteur est en vous. Au-delà de votre crédulité ou de votre candeur, c'est votre envie de croire qui vous perd. Car, pour vous, la plus évidente des vérités peut être un mensonge qui vous contente. Un mensonge exaltant que l'on se fait aussi à soi-même. Le vampire mythomane est un médium du désir. Il va chercher et rapidement capter ce qui vous fait rêver pour prétendre pouvoir vous l'offrir. Que ce soit dans n'importe quel domaine : gloire, argent, amour ou sexe, il saura repérer ce qui vous anime au plus profond de vous, pour vous le tendre, tel un hochet, tout en prétendant n'y accorder lui-même que peu de crédit, feignant de ne pas remarquer que vous êtes appâté.

Néanmoins, le vampire mythomane n'est pas qu'un simple menteur escroc qui veut vous soutirer de l'argent ou de l'amour. Bien sûr, en tant que vampire il abuse de vous, mais c'est avant tout de votre crédulité qu'il se repaît. C'est ce qui lui donne corps, bien plus que les bénéfices matériels dont il pourrait tirer profit. Il n'existe que si vous croyez à ses histoires. Et s'il jouit de vous, ce n'est pas du plaisir de vous voler, mais surtout de vous faire rêver. Il a besoin d'être reconnu par vous pour ce qu'il n'est pas, ce qui lui octroie le droit d'exister. Votre crédulité lui est vitale. En ce sens, le vampire mythomane a une âme de saltimbanque : mi-comédien, mi-illusionniste. Ses mensonges vous accrochent à lui et lui fournissent de l'oxygène. Si le vantard ou le simple menteur savent parfaitement qu'ils mentent et peuvent le reconnaître, ce n'est pas le cas chez le vampire imposteur. Quand celui-ci fabule, il est comme en transe, c'est un aspect de lui-même qui s'exprime. Il se fait croire à lui-même qu'il peut être qui il veut et que tous ses désirs sont possibles. Son imaginaire et sa lucidité sont en communication permanente. Dans le film, *Arrête-moi si tu peux*, de Steven Spielberg, le personnage de Franck Abagnale, Jr., incarné par Leonardo DiCaprio, est un mythomane qui utilise ses mensonges à des fins d'imposture. Ce personnage a d'ailleurs réellement existé. La mythomanie existe depuis la nuit des temps. Citons George Psalmanazar (1679-1763) qui prétendait être le premier habitant de l'île de Formose à s'être installé en Europe. Ce Français vécut surtout à Londres où il fit publier en 1704 un livre intitulé *Description historique et géographique de l'île de Formose* qui fut un best-seller et qui fit autorité durant tout le XVIIIe siècle. Son contenu était bidon. Il y échafauda une langue avec son alphabet et sa grammaire ainsi que des us et coutumes qu'il faisait passer pour réels, mais qui n'étaient que pures inventions de sa part. Découvert, il finit par avouer sa mystification dont il conta les détails dans ses Mémoires. Plus près de nous, André Malraux (1901-1976), qui fut ministre et numéro deux du gouvernement du général de Gaulle pendant dix ans, aurait été aussi un grand fabulateur. Il prétendit être entré en résistance dès 1940 et aurait rédigé lui-même son propre dossier militaire, s'attribuant des blessures imaginaires. Plus dramatique, Jean-Claude Roman, qui purge actuellement sa peine de prison à perpétuité, a menti à ses proches, pendant dix-huit ans, sur sa vie réelle en s'inventant une profession de médecin et de chercheur. Pour mener son train de vie, il soutira au fil des années beaucoup d'argent à son entourage en faisant croire qu'il le plaçait en Suisse. Il vendit à prix d'or de faux médicaments contre le cancer. Il passait des journées entières dans sa voiture garée dans un parking alors qu'il prétendait être à des congrès internationaux. Il a fini par assassiner ses parents, sa femme et ses enfants un jour de janvier 1993, alors que sa supercherie allait éclater au grand jour.

Le moyen de se défaire d'un vampire imposteur fabulateur est bien sûr de le dévoiler, mais il faut être prudent. Percé à jour, le vampire mythomane se sent disparaître, tel Nosferatu sous la lumière du jour. C'est une véritable attaque de panique avec sensation de mort imminente qui l'étreint alors. La dépression qui suit peut mener au suicide ou au crime.

Quand on s'intéresse à l'histoire personnelle de ces vampires, on retrouve souvent d'ailleurs un important vide affectif. Parfois, leurs parents étaient eux-mêmes volontiers manipulateurs ou encore trop absents, physiquement ou psychiquement. D'où une précoce solitude intérieure et un refuge excessif dans la rêverie. Il est très difficile de soigner un vampire imposteur. D'autant plus qu'il ne demande pas d'aide. La vérité qu'apporterait une psychothérapie le brûlerait comme la lumière détruit les vampires de la mythologie.

Écoutons Yvan :

J'ai rencontré Max à une soirée organisée par ma société de production. Il accompagnait un vague ami. Il me regardait tant et si fixement que je finis par venir lui demander si nous nous connaissions. En vérité, son physique était aussi attrayant que l'intensité de son regard. Je compris qu'il m'avait déjà vu à la télévision où j'exerce comme chroniqueur. Notre histoire est partie très vite. Il s'est montré un amant endiablé et le plus charmant des soupirants, me couvrant d'attentions et de présents. Il me charmait par son enthousiasme, sa disponibilité, ses passions, même s'il devait souvent quitter Paris pour son travail et ses activités de loisir. Il participait à des championnats d'équitation : une très belle photo de lui dans un concours hippique qu'il m'a offerte a vite orné mon salon. Il travaillait avec son père, un homme fortuné qui dirigeait une entreprise importante de machines-outils en Bretagne dont il allait prendre sous peu la succession. Son père était d'ailleurs très ami avec un président d'une chaîne de télévision privée et il comptait bien lui parler de moi, car ma carrière n'était pas à la hauteur de mon talent, répétait-il. Il a été à mes côtés quand j'étais inquiet pour ma mère malade ou que ma carte bancaire fut volée par quelqu'un qui avait dû voir mon code derrière moi à un distributeur et avait tiré une somme importante puis vidé mon compte par des achats d'objets de luxe. Notre histoire a duré une année jusqu'à ce que, grâce à ma sœur qui a eu des soupçons, je découvre progressivement la réalité. J'ai eu du mal à l'accepter. Tout était faux. Il ne connaissait pas son père et sa mère vivait chichement. S'il aimait l'équitation, il n'avait jamais fait de championnat et il était déjà sorti avec des personnalités des médias auxquelles il avait sans doute aussi dérobé de l'argent ou des bijoux pour s'assurer des revenus que son véritable métier de serveur ne lui accordait pas. Ma carte bleue, c'était évidemment lui qui me l'avait volée. Restait mon attachement à lui qui me faisait croire que son attachement à moi était malgré tout réel. Il accepta d'aller consulter à mes frais un psychiatre de mes amis, mais il arrêta brusquement quand il fit la rencontre d'un autre homme des médias qui devint sans doute sa prochaine proie.

Ces vampires imposteurs, culpabilisateurs, « enfumeurs », mordeurs ou annihilateurs, sont parmi les plus dangereux. Ils sont clairement manipulateurs et ont une obsession : vous fragiliser afin que vous leur deveniez soumis pour mieux abuser de vous.

Certaines personnes, sans être stricto sensu manipulatrices, peuvent malgré tout se révéler très envahissantes. Ces vampires psychiques, à l'inverse des précédents, semblent se soumettre à vous. Mais, depuis la dialectique hégélienne du maître et de l'esclave, on sait que l'esclave n'est pas toujours celui ou celle qu'on croit. Ces vampires qui sont dépendants de vous, ces vampires accros ont l'art de vous parasiter sans que vous y trouviez toujours à redire, et il arrive même parfois que vous en tiriez un peu de satisfaction, que ce soit en lien avec un sentiment de pouvoir ou des pulsions masochistes en vous.

B. Les accros, ou vampires dépendants

Parmi les vampires qui se nourrissent de vous, certains sont véritablement dépendants de vous sur le plan affectif. Ils sont accros à vous, ont un besoin irrépressible de votre présence et ne sont jamais assouvis. Leur dépendance va les faire paraître à vos yeux bien peu dangereux, puisque vous imaginerez avoir un pouvoir sur eux. Ils vous sont en effet assujettis comme des enfants à leurs parents. Pourtant, au bout du compte, c'est l'inverse qui va se produire. Le maître va devenir l'esclave. À l'instar de ces parents qui se trouvent asservis aux désirs de leurs enfants.

Encore une fois, les vampires dépendants affectifs ne cherchent pas à faire de mal à leur victime. C'est un point important, car il n'y a rien de méchant ni de pervers en eux. C'est pour cela que la situation de vampirisme peut durer. Au contraire, ils ont besoin que leurs proies restent vaillantes pour pouvoir continuer à s'en nourrir. Ils n'ont d'autre but que leur propre survie. Ils ont toujours faim de l'autre. Ils sont menacés d'anémie psychique si l'autre s'absente. On pourrait requalifier cette anémie psychique par le terme d'aboulie. En effet, le vampire dépendant psychique est bien souvent aboulique. C'est-à-dire qu'il manque de volonté. Cela le conduit à avoir le plus grand mal à agir ou simplement à prendre des décisions. D'où la nécessité pour ces vampires d'être accrochés à quelqu'un qui décidera et agira à leur place.

La personne dépendante se nourrit de l'autre, son vampirisme est permis par l'attachement qui le lie à son hôte.

La nature offre d'ailleurs beaucoup d'exemples de vampirisme. Particulièrement dans le règne végétal. Des plantes parasites se nourrissent de leur plante hôte. Le gui en est un exemple. Autrefois récolté par les druides, c'est une plante traditionnelle en Europe qui, avec le houx, sert d'ornementation pour les fêtes de Noël et de fin d'année. Le gui est un sous-arbrisseau qui parasite les arbres résineux. Son degré de parasitisme est complet ou semi-complet. Ainsi, le gui n'est qu'à moitié parasite, car il est capable d'assimilation chlorophyllienne (c'est-à-dire de tirer de l'énergie par photosynthèse), y compris en hiver, également parce qu'il ne décompose pas le bois ni n'attaque les cellules de l'arbre. D'autres plantes parasites, dépendantes de leur hôte, sont plus voraces. Il en est de même des vampires dépendants. Certains ne vont s'abreuver que de votre affection et de votre soutien moral, quand d'autres vont être complètement dépendants y compris sur le plan matériel et financier.

Celui que je nomme le vampire dépendant est le plus typique des vampires. Certes, par définition, tous les vampires sont dépendants de leurs hôtes, puisque leur survie dépend du sang, s'il s'agit des vampires mythologiques, et de l'énergie vitale, s'il s'agit des vampires psychiques.

J'entends ici par vampires dépendants ceux qui sont en permanence suspendus à l'autre, perdant ainsi toute autonomie. L'autre devenant leur victime. Cela nous semble d'emblée paradoxal car, habituellement, ce sont les personnes dépendantes qu'on désigne comme victimes. D'ailleurs, les synonymes du mot « dépendant » expriment tous cette forme d'asservissement à l'autre. Le « tributaire » est celui qui paie un tribut à celui ou celle dont il dépend. L'être « assujetti » voit sa liberté limitée. C'est l'« obligé », le « débiteur », le « subordonné », le « soumis », le « vassal », l'« esclave ». Or ici, on assiste à une inversion des rôles. La victime est celui dont le vampire va dépendre, car cette dépendance va provoquer son affaiblissement et sa propre dépendance. Le phénomène qui rend possible le maintien dans la durée de cette dépendance est le sentiment de responsabilité. La victime se sent responsable de celui ou de celle qui dépend d'elle. Quel que soit ce qui l'a poussée à accepter cette responsabilité. C'est essentiellement sous la forme de cette dépendance affective que le vampire psychique va être attaché à sa victime. Il ou elle se présentera dans cette posture de dépendance, voire à la merci de cette dernière, qui pourtant se retrouvera peu à peu dépourvue émotionnellement.

Le propre de l'homme est d'être à la recherche de l'autre. Même les ermites qui, eux, cherchent un Grand Autre, au sens lacanien du terme, qui peut être un Dieu. On a vu que la survie du nouveau-né dépend du parent non seulement sur le plan alimentaire, mais aussi pour tout ce qui concerne la dimension affective et langagière. Nous sommes des êtres de langage et la communication est fondamentale pour notre identité. Une sorte de pulsion sociale nous pousse à rechercher à intervalles réguliers la compagnie d'une ou de plusieurs personnes, y compris à un niveau conflictuel. Ce besoin de l'autre n'est pas culturel, il est inhérent à l'humain, universel. Nous avons tous besoin de l'attention de l'autre, de sa reconnaissance, de sa présence. Ce besoin affectif nous rend dépendants des autres, comme la sensation de faim ou de soif nous oblige à rechercher de la nourriture ou de l'eau. Nous ne pouvons pas vivre longtemps seuls sans souffrir, comme on ne peut rester longtemps sans manger. Mais, chez certains, ce besoin de l'autre est surreprésenté et conditionne une façon d'être à la fois délétère pour soi, mais aussi pour autrui.

Les hormones de la dépendance

Ce besoin normal ou excessif a un support biologique. Les neurosciences permettent d'identifier les réseaux nerveux et les molécules de ce besoin affectif. Différents neurotransmetteurs jouent un rôle. Parmi eux, la dopamine qui participe au sentiment de plaisir qui anime notre esprit. Certains comportements sont indispensables à la survie de l'individu et de l'espèce humaine. Qu'il s'agisse de manger, de boire, de se reproduire, d'avoir un comportement maternel, ou encore de rechercher la compagnie d'autrui. C'est pourquoi, au fil de notre évolution, la sélection naturelle a associé ces comportements à une forte sensation de plaisir. Un véritable circuit de la récompense s'est donc développé dans le cerveau humain pour favoriser ces comportements en lien avec nos besoins fondamentaux. Puis ce circuit a élargi ses compétences afin de nous inciter à répéter les expériences agréables, apprises au cours de l'existence. Ce circuit de la récompense se situe ainsi au centre de notre activité mentale et guide l'ensemble de nos comportements. Il est d'une structure complexe, mais il comprend un chaînon central qui semble jouer un rôle fondamental. Ce sont des connexions nerveuses qui relient l'aire segmentale ventrale, située dans le tronc cérébral, avec d'autres zones du cerveau. Cette aire est un groupe de neurones qui projettent leurs axones sur des structures nerveuses sous-corticales, comme les noyaux acumens (un ensemble de neurones regroupés), ou corticales, tel le cortex préfrontal. Ces neurones ont un messager chimique : la dopamine, qui active les cellules post-synaptiques. La dopamine est le neurotransmetteur de la pulsion hédonique. Elle est à l'origine du plaisir qui anime notre esprit, à la suite de la satisfaction des besoins naturels (faim, soif, amitié, sexe, amour). C'est dans ce circuit qu'intervient l'effet des drogues qui agissent en produisant une dépendance.

Le vampire dépendant a un circuit perturbé, que ce soit génétiquement ou, plus certainement, en lien avec sa propre histoire. Cela le rend accro non pas à la nourriture, au tabac ou à l'alcool (encore que cela puisse être possible), mais aux individus.

Un autre messager chimique entre en jeu : l'ocytocine, qui oriente le désir vers l'autre. Son rôle est de permettre à l'individu qui y est soumis d'avoir en retour aide et affection. L'ocytocine est aussi impliquée dans le circuit de la récompense. L'augmentation d'ocytocine stimule la production de dopamine provenant de différentes structures du cerveau. L'ocytocine permet de spécifier le désir et donne une direction pour réguler celui-ci. L'autre devient l'objet du désir. La conscience du vampire, motivée via la dopamine, choisit mentalement une ou des personnes satisfaisantes, et cherche à entrer en contact avec celles-ci. Le choix de l'autre se fait grâce aux capacités d'analyse de sa personnalité. Il faut ensuite faire preuve d'intelligence sociale pour obtenir ce qu'on attend de lui et les récompenses désirées. Une fois celles-ci obtenues, une libération d'opiacés se produit via certains neurones[1] (ces endorphines sont de la morphine naturelle, créatrice de bien-être) qui va ralentir la sécrétion d'ocytocine et de dopamine. Cette inhibition transitoire du désir social marque son seuil de satisfaction.

Or le vampire dépendant subit un trouble ou une mutation de son circuit de dépendance. Son besoin de l'autre est anormalement élevé. Sa dépendance est pathologique. Ses attentes sont inadaptées et démesurées. Cela occasionne un type d'attachement dont la qualité et l'intensité ne correspondent ni à la qualité ni à l'intensité de la relation réelle. Le vampire dépendant ne peut contrôler ses attentes. Il ne peut tolérer la solitude ou le manque affectif. Il est bien sûr autocentré et ne manifeste que peu ou prou d'empathie pour l'autre. Quand c'est le cas, c'est uniquement, une fois ses besoins transitoirement apaisés, dans le but de s'attacher l'autre et de vérifier que celui-ci est toujours en état de le satisfaire. Le vampire dépendant est incapable de tolérer diverses frustrations socioaffectives. À

1. Ceux du noyau arqué.

la différence des autres vampires psychiques, le vampire dépendant a des difficultés à alimenter un réseau socioaffectif. Il va, par défaut, rester fidèle à sa proie. Ce n'est qu'abandonné qu'il va devoir se mettre à la recherche d'une autre victime consentante, mais cela lui sera d'autant plus difficile qu'il a du mal à s'affirmer, à exprimer ses émotions, ses pensées. On l'a dit, le vampire dépendant ne convoite pas spécialement votre argent, votre intelligence, votre force vitale, votre travail, il veut avant tout votre amour (encore faut-il avoir en tête que chacun peut symboliser l'amour à sa manière, et que, pour ceux qui n'ont pas été aimés enfant, l'argent peut être un équivalent de l'amour). Ce vampire a besoin de se sentir aimé de vous, que vous lui prêtiez votre attention, votre affection, mais en permanence ! C'est l'amour d'une mère poule qu'il réclame. Ce n'est jamais trop ni jamais assez. Son besoin d'être aimé domine tout. Vous devenez l'unique objet de ses pensées. Vous êtes « sa drogue, sa dope, sa coke, son crack, son amphétamine », pour paraphraser MC Solar dans son titre « Caroline ».

Une personnalité accro

C'est dans la petite enfance que se construit progressivement la personnalité dépendante, par défaut d'autonomisation, mais le diagnostic ne se pose qu'à l'âge adulte. Selon les critères actuels des manuels diagnostiques de psychiatrie, la personnalité dépendante se caractérise essentiellement par un besoin général et excessif d'être accompagné, voire « porté » affectivement, à l'origine d'une angoisse permanente de la séparation et d'un comportement soumis, dépendant d'autrui dans différents contextes. Il présente au moins cinq des huit façons d'être suivantes :

– La personne dépendante a besoin d'être conseillée et rassurée à l'excès avant de prendre des décisions dans la vie courante.

– Elle a du mal à assumer ses responsabilités dans la plupart des domaines importants de l'existence.

– Elle a tendance à être passive et à laisser d'autres personnes (souvent une personne précise) prendre l'initiative ou assumer les responsabilités à sa place.

– Elle ne va pas exprimer aisément son désaccord par crainte de perdre le soutien ou l'approbation de son interlocuteur, même s'il n'y a pas de risque réel. Seule, elle se sent souvent mal à l'aise ou impuissante, comme incapable de faire face, de se débrouiller. D'ailleurs, la crainte d'être laissée seule est telle qu'elle peut faire des sacrifices extraordinaires et tolérer de mauvais traitements verbaux, physiques, voire sexuels !

– En cas de rupture, elle a urgemment besoin de quelqu'un à ses côtés, quitte à mal évaluer un individu.

– Faire des choses par soi-même, initier des projets lui sont très difficiles en raison de ce manque de confiance en ses capacités.

– Elle parvient à fonctionner correctement si elle reçoit l'assurance que quelqu'un la supervise et l'approuve. En revanche, elle est prête à agir avec difficulté pour acquérir le soutien et l'appui d'autrui.

– Elle va jusqu'à craindre d'être ou de paraître plus compétente, car elle pense que cela peut la conduire à être abandonnée. Se reposant sur autrui pour résoudre ses difficultés, elle n'apprend souvent pas à vivre seule, ce qui renforce sa dépendance. On est loin ici du « grand prédateur » et l'on voit alors combien le vampire n'a pas toujours, tant s'en faut, une image de vainqueur ou de dominant !

Le vampire dépendant peut ne pas présenter l'ensemble de ces caractéristiques, mais seulement quelques-unes d'entre elles. Ce tableau de la personnalité dépendante pourrait ne faire d'elle qu'une victime. Pourtant, si beaucoup d'êtres dépendants sont dans l'empathie, ressentent de la culpabilité et ont à cœur le bien-être de leur hôte, il en existe d'autres qui, sans être malveillants, ne sont pas pour autant bienveillants et n'ont à cœur que leur propre satisfaction ou soulagement. Si la personne dépendante peut se laisser manipuler et abuser, elle peut aussi manipuler les autres parce qu'elle veut obtenir à tout prix ce qu'elle désire. Aux yeux du vampire dépendant, l'autre est interchangeable. Et il peut se trouver dépendant d'une personne, se nourrir d'elle sans l'aimer vraiment. C'est un point qui distingue le vampire de tout individu en partie dépendant de la personne qu'il aime. Le vampire dépendant va paraître intensément attaché du fait de sa dépendance affective, mais c'est un attachement qui répond à un besoin organique, tel le gui pour un arbre ou la puce pour son chien, et pas toujours, loin de là, à un vrai désir, à un véritable amour.

Voici l'histoire de Marion :

Marion a 39 ans. Elle est cadre dirigeante dans une grande entreprise de communication. Dans les années 1980, on l'aurait qualifiée de working girl. *Les arrêts maladie, elle ne connaît pas. D'ailleurs, elle ne s'écoute pas. Elle est toujours sur le pont et cherche à tout maîtriser dans sa vie. L'éducation de ses deux enfants, sa carrière professionnelle, jusqu'à son corps qui ne souffre d'aucune imperfection si ce n'est un excès de perfection dans le contrôle de son poids qui lui donne un air un peu sec. Sa réussite, elle ne la doit qu'à elle-même. Si elle a pu échapper aux grands malheurs de l'existence, on ne lui a pas fait de cadeau. Ses parents étaient aimants, mais pas à la hauteur de ses besoins et trop occupés par leurs problèmes personnels ou professionnels. Elle n'est pourtant pas le monstre froid que ses collaboratrices croient parfois voir en elle. Adolescente solitaire, elle avait le profil d'une jeune fille hypersensible. Devenue adulte, elle s'est forgé une armure qui se renforce avec le temps, protégeant son cœur délicat tout en en étouffant les cris. Marion vit en couple depuis plus d'une dizaine d'années avec un homme qui a deux ans de moins qu'elle et qui est tout son contraire. Yann se définit comme artiste. Il est saxophoniste. Elle l'a connu d'ailleurs dans un bar où il se produisait en présence d'amis communs. S'il n'a jamais vécu que chichement de son art, c'est à ses yeux parce qu'il est un artiste incompris et maudit. Son destin, c'est ce qu'il comprit de sa psychanalyse, payée en grande partie par sa femme, était scellé dès sa naissance : une mère décrite comme froide qui n'accepta jamais cet enfant de remplacement après la mort de son premier fils, disparu à 2 semaines. Il tenait son goût de la musique de son père présenté comme trop effacé face à cette mère dominatrice. Marion fut séduite par les beaux yeux de chien battu de Yann, et la tristesse qu'elle y lisait lui rappelait sans doute un peu la sienne, enfouie. Sa propre sensibilité artistique refoulée se projeta sur ce beau garçon aux airs bohèmes. Elle sentit d'emblée qu'il la respecterait et qu'il ne chercherait pas à la dominer, bref qu'il était l'exact opposé des machos qu'elle croisait au travail et qu'elle abhorrait. Certes, le patrimoine de Yann se limitait du vivant de ses parents à son instrument de musique, mais la petite fille en elle rêvait comme lui qu'il serait un jour reconnu et, surtout, elle n'avait jamais envisagé de dépendre matériellement d'un homme. Au contraire, sans qu'elle se l'avoue, son amour-propre se trouvait flatté de voir ainsi inversés dans son couple les codes conjugaux classiques. Pendant toutes ces années de vie commune (elle l'hébergea peu de temps après leur rencontre qui débuta comme un coup de foudre, dit-elle), elle se chargeait de tout, contrôlait tout, et lui offrait amour et sécurité. Car il demandait sans cesse à être rassuré par elle. Il se montrait fusionnel avec elle quand elle rentrait, lui demandant pour combler ses angoisses une écoute qu'elle avait épuisée au travail. Mais elle était amoureuse et se délectait alors d'une union qui lui paraissait si forte. Elle imagina que la naissance de leurs jumeaux, une fille et un garçon, qui arrivèrent peu après leur installation commune allait lui donner plus d'assurance. Mais elle eut très vite le sentiment d'avoir trois enfants à la maison. Quand les enfants quittèrent la crèche pour entrer à la maternelle, Marion trouva légitime que Yann s'occupe de ceux-ci après l'école et le mercredi après-midi. En effet, il avait alors de moins en moins de contrats. Mais, bien qu'attaché à ses enfants, Yann se sentait vite débordé et voulait travailler sa musique ou se promener sans entraves pour trouver l'inspiration. Marion dut engager une nounou à temps complet. Yann devenait de moins en moins attendrissant à ses yeux. Les enfants lui faisaient concurrence. Il restait un amant empressé, mais Marion, souvent fatiguée de tout mener de front, vibrait moins sous ses caresses. Cependant Yann n'hésitait pourtant pas aussi au fil du temps à lui reprocher de l'étouffer, de l'empêcher de s'épanouir et à mots pas toujours couverts d'être sans doute responsable du fait que sa carrière artistique n'avait jamais décollé. C'est davantage un effet d'accumulation plus qu'un déclic qui fit réagir Marion. Une lassitude, en fait. Cette fatigue générale qui touche autant le corps que les émotions et qui assombrit l'ensemble de la vie a conduit Marion vers le chemin à prendre. Cette dernière année fut sans doute la plus dure. Alors qu'elle était déjà mince, elle perdit plusieurs kilos, comme si au vampirisme psychique s'ajoutait un vampirisme physique. Le matin, chaque mouvement, chaque pas, chaque parole, chaque pensée lui pesait. La lassitude la sauva. Elle devait se délasser, elle s'est délacée. Elle a coupé les liens. Elle s'est séparée de Yann avec la froideur et la force de l'inanimé. Peu après, elle a commencé à ressentir une joie confuse, une joie de tout son corps l'envahir. Elle s'est éveillée, animée, s'est sentie plus alerte. Un invincible désir d'aimer s'est allumé dans ses veines.*

Mais, attention, si certains vampires psychiques sont de grands dépendants affectifs, être un individu dépendant ne fait pas de soi nécessairement un vampire psychique ! La personne dépendante se nourrit de la présence de l'autre, mais cette présence peut lui suffire. Cela n'impose pas une perfusion affective permanente. Par ailleurs, le dépendant peut aussi beaucoup donner. Et, à l'inverse, par dépendance affective on peut être victime d'un vampire psychique que l'on tolère par crainte d'être abandonné.

Il arrive aussi que le vampire joue les victimes pour mieux abuser les siennes.

Le w, ou vampire victime

Le vampire moderne ne ressemble pas toujours, tant s'en faut, à Nosferatu. Il ne cherche nullement à effrayer sa future victime. Au contraire, il va chercher à l'amadouer. Sa proie n'en sera que plus tendre. Et pour cela, il ou elle peut se faire passer pour une victime. Il importe donc d'être capable de faire la part des choses entre une vraie victime qui a le droit d'être aidée par vous en fonction de vos possibilités et un vampire, par définition victimaire, qui va se victimiser pour mieux vous abuser.

C'est votre empathie, une qualité essentielle chez l'humain, qui peut vous conduire à accepter de vous laisser vampiriser. Vous allez vous mettre à la place de la prétendue victime et souffrir avec elle. Au-delà d'une simple empathie, certains d'entre nous ont une personnalité de sauveur. C'est de votre côté sauveur que va abuser le vampire victime. Il va vous pousser à lui venir en aide, au prix de votre temps, de votre argent, de votre fatigue, ou encore de votre confort émotionnel. L'empathie est bien sûr renforcée par l'attachement quand il s'agit d'un proche, car, nous le reverrons, c'est dans notre entourage immédiat que l'on compte le plus souvent de vampires psychiques.

Pour s'en protéger, une erreur fréquente est de vous transformer en persécuteur. Quand vous vous rendez compte que le vampire ne fait aucun effort pour régler sa situation, la tentation est d'accompagner votre aide par des reproches qui, loin d'être infondés, vont se révéler le plus souvent totalement inutiles. À cela peut s'ajouter de votre part une violence verbale et, hélas, parfois physique. Voici des propos que, de guerre lasse, vous pourriez être tenté de tenir : « Tu ne fais pas d'efforts. Je t'ai conseillé mille fois sur la conduite à tenir, mais tu n'as jamais suivi un seul de mes conseils. Maintenant débrouille-toi et tant pis pour toi si cela se passe mal ! » Hélas, le risque, avec ce type de réactions tout à fait compréhensibles, est de vous sentir très vite coupable de votre agressivité. Le vampire répondra par exemple : « D'accord, mais mon problème, c'est justement de ne pas pouvoir. Je comprends que tu en aies marre de moi. Le mieux, c'est que tu me laisses tomber comme tous les autres. De toute façon, j'ai toujours été nul. » Et vous de rétorquer : « Mais non tu n'es pas nul !

– Alors pourquoi dis-tu cela ?

– Pour que tu comprennes que tu dois faire des efforts.

– OK, la prochaine fois je ne demanderai rien. »

Cette victimisation est un modèle de survie pour ces vampires. Ils ont perdu le pouvoir sur leur vie. Ils ne savent pas se responsabiliser, se défendre, se prendre en main. Ils sont en partie morts vivants et, en conséquence, vont dépendre d'autrui. « Pourquoi moi ? », « Pauvre de moi ! » « Quelle nulle je suis ! », « Je n'ai jamais eu de chance dans ma vie », « C'est toujours ma faute », « C'est toujours sur moi que ça tombe », « Oui, j'ai ça, mais... », autant de propos récurrents exprimés pour vous apitoyer, associés à un langage corporel connexe : les épaules voûtées, le dos incliné, les bras ballants, des soupirs, les yeux au ciel et la bouche en u inversé.

Écoutons Adèle, 45 ans, mariée, mère au foyer :

Je m'inquiète toujours pour ma sœur aînée, nous confie-t-elle. *Elle s'est toujours plainte d'être la moins chanceuse. Elle m'envie d'être bien mariée, d'être belle, douée artistiquement, d'avoir des amies. Elle souffre d'obésité et de solitude affective. Elle vit encore chez notre mère au Liban. Je subviens en grande partie à ses besoins matériels. Elle n'arrive pas à garder un travail. Pourtant, elle a du talent. C'est une très bonne pâtissière. Je la soutiens dans son projet de monter une pâtisserie française à Beyrouth, mais cela n'aboutit jamais. Elle est éternellement frustrée et me rend trop souvent responsable de son mal-être car j'aurais été la préférée des parents, ce qui ne me semble en rien une évidence. Elle vit dans la peur d'échouer, ce qui fait qu'elle n'entreprend jamais rien et qu'elle se juge en permanence incapable et honteuse de l'être. J'ai pris conscience grâce à ma psychothérapie que ma sœur possède un autre talent que la cuisine, celui de souffrir plus que n'importe qui. Elle est persuadée que son destin est d'être malheureuse, que personne ne peut rien pour elle et que souffrir est son mode de fonctionnement normal. Le monde a été injuste avec elle, et elle réagit comme si tout le monde voulait profiter d'elle, en particulier ceux qui veulent l'aider c'est-à-dire, désormais, uniquement moi. Elle a une attitude de martyre et rejette sur moi la responsabilité de sa vie. Plus je l'aide, plus elle me critique ou cherche à me culpabiliser. Ma sœur est ma croix. Je vis avec comme avec une maladie chronique.*

Si les vampires varient en fonction de leurs traits de personnalité dominants, ils varient aussi en fonction du champ dans lequel ils exercent leur emprise sur vous. Cela peut être au travail, en famille ou au sein de votre vie amoureuse et sexuelle.

II

LES VAMPIRES AU TRAVAIL

Dans le milieu du travail, le climat dépend pour beaucoup de la personnalité des individus qui nous entourent, et ce quel que soit le poste que l'on occupe.

Il n'est pas rare parmi les uns et les autres de croiser des vampires ou d'en devenir la proie. Les vampires ne sont pas les seuls à se montrer toxiques dans l'environnement professionnel, mais ils ne sont pas les moins dangereux. Le domaine professionnel est un terreau où le vampirisme psychique se déploie allégrement. Les vampires psychiques y sont des collègues, des collaborateurs, des supérieurs hiérarchiques, des subordonnés ou des employés.

Des vampires invisibles

Le problème avec les vampires, au travail ou ailleurs, c'est qu'on ne les reconnaît pas tout de suite. Souvent, ils sont même appréciés, passent pour avenants et sympathiques, se font vos confidents, voire tissent des liens d'amitié. Ce n'est que progressivement que l'on se rend compte qu'ils ou elles vous dévorent. Il y a des vampires occasionnels qui vont profiter de votre « aptitude » à vous laisser vampiriser, que celle-ci soit permanente ou provisoire (état de fatigue morale, consécutif à un incident de vie). Les autres sont des vampires « professionnels » qui préméditent leurs actes et recherchent les proies les plus fragiles ou les plus gorgées d'énergie vitale. Dans un cadre professionnel, ils peuvent chercher le pouvoir et ses avantages et profiter de vous pour l'obtenir, ou vous détruire à petit feu pour prendre votre place, leur plaisir étant d'ailleurs davantage dans cette quête du pouvoir que dans la possession du pouvoir pour lui-même. Le vampire peut aussi se contenter de rester à sa place, mais plutôt qu'avancer par ses propres ressources, il ou elle va se nourrir des vôtres et profiter de votre énergie, puiser dans votre force de travail pour en tirer personnellement profit et exister au travail. Le vampire professionnel préfère les courriels au téléphone.

J'en reçois tant, me confie Adeline, qui travaille au service des ressources humaines d'un grand groupe, *que je consacre une part importante de ma journée ou de mes soirées à les lire comme à y répondre. Il y a un aspect légal, car avec les mails on ne peut pas faire comme si on n'avait pas entendu. Ma chef le sait, comme elle sait sans doute la charge de travail que cela représente, mais elle fait comme si c'était accessoire. Pour me défendre, j'ai pris le pli de lui adresser copie de la plupart des échanges pour aval.*

Dire stop au vampire pourrait sembler simple. Surtout si dans la vie de tous les jours vous êtes quelqu'un de suffisamment équilibré et bien dans sa peau pour savoir dire non. Or, il arrive que cette fois, face à ce chef ou à ce collègue, cela ne se produit pas facilement. Vous vous sentez peu à peu déstabilisé au travail, déconcerté. Vous avez le sentiment d'être un peu bouffé par l'autre. Cela finit par avoir des conséquences sur votre état moral et physique, car vous devenez préoccupé, irrité et fatigué. Des troubles du sommeil aggravent la fatigue morale. Vous savez qu'il y a un problème, dans le meilleur des cas vous identifiez la personne qui vous perturbe, mais vous ne parvenez pas à mettre un terme au travail de sape dont vous êtes la victime. Et plus cela dure, plus vous manquez d'énergie psychique pour dire stop.

C'est la situation qu'a vécue Tony :

Je n'ai rien vu venir quand cet homme est arrivé dans le service pour remplacer mon N+1 parti à la retraite. Il a pris l'ascendant sur moi par petites touches. Je me suis retrouvé sous son emprise, contrôlé, sans m'en rendre compte. C'est une sorte de chantage affectif qui s'est instauré. Au début, il valorisait mon travail, il me valorisait aussi sur un plan personnel, puis il a commencé à demander toujours plus et quand j'ai montré des limites il est apparu déçu. Pas critique avec moi, mais désappointé, chagriné. « Je me suis trompé sur toi, disait-il, c'est ma faute, je te croyais plus... » Je me suis senti évidemment coupable alors je redoublais d'efforts pour toujours répondre favorablement à ses demandes, au point de m'épuiser à la tâche. Je craignais tant d'être moins reconnu, moins apprécié.

Comme le lieu de travail est aussi un lieu de vie, les autres formes de vampirisme existent.

Écoutons le témoignage de Pauline :

Dans cette boutique de luxe où j'ai été employée comme vendeuse, les choses avaient bien commencé. Le salaire était bon, les produits me plaisaient et, surtout, ma supérieure, Elvira, était très satisfaite de mes performances de ventes. Elle se montrait en conséquence assez arrangeante pour mes horaires et mes jours de congé. Elvira et moi avions à peu près le même âge. Séparées toutes les deux, nous nous entendions bien et avions découvert que nous riions des mêmes choses. Rapidement, elle proposa de nous voir à l'extérieur pour déjeuner le midi, puis un soir par semaine, puis un soir sur deux. J'étais assez euphorique : j'avais un bon job et j'avais une nouvelle amie. Elvira aimait bien se confier à moi. Elle avait des soucis avec son fils hyperactif, avec sa mère envahissante, ses ex qui redevenaient ses amants et ses voisins qui se plaignaient quand elle mettait de la musique ou passait l'aspirateur à minuit. Mais je finis par me lasser d'écouter ses états d'âme. Surtout que quand nous ne passions pas la soirée ensemble, elle me téléphonait des heures le week-end. Je me lassais aussi des services qu'elle me demandait comme des courses ou garder son fils car il me préférait aux baby-sitters (et sans doute aussi, accessoirement, parce que je ne demandais pas à être payée). Au travail, même si elle était toujours sympa avec moi, au nom de l'amitié je ne pouvais pas refuser de la dépanner ni de rendre des services sur mon temps de travail. Je n'avais plus de vie personnelle. J'aimais toujours mon travail, mais le temps que je consacrais à Elvira me donnait l'impression de ne jamais avoir de vie privée. Puis, comme je commençais à ne plus être toujours disponible pour l'accompagner à ses dîners arrosés où je n'avais d'autres choix que de l'écouter, la consoler ou rire à ses blagues, le vent commença à tourner. Elle devint piquante, puis franchement agressive, d'abord en dehors de la boutique, puis rapidement au travail également. Les collègues s'en rendirent compte et je sentis que ça les amusait que la « préférée » s'en prenne désormais plein la poire. Je finis par mettre les points sur les i avec Elvira en refusant de la voir au-dehors. Alors l'enfer commença pour moi avec tous les rouages du harcèlement professionnel et, bien sûr, des témoignages de collègues contre moi. Sur le plan judiciaire, l'affaire n'est pas encore close, mais j'ai déjà pu me reconstruire. J'ai trouvé un emploi en banlieue où je ne risque pas de la croiser et où l'on ne cherche pas à me dévorer.

Parmi les divers vampires que l'on rencontre au travail, certains se distinguent par une façon particulière de profiter de vous.

Le vampire sangsue

Dans un cadre purement professionnel, le plus typique des vampires psychiques est le vampire sangsue.

La sangsue est ce petit ver qui s'accroche sur la peau, fait une morsure pour se nourrir du sang de sa proie.

Le vampire sangsue va aspirer vos savoirs, vos informations, vos contacts, vos clients sans rien vous apporter en échange. Ces vampires ne jouent en effet jamais collectif. Ils vous soutirent des informations de différentes façons selon votre personnalité. Face à quelqu'un d'impressionnable, ils vont agir effrontément, en surprenant l'entourage par leur culot. Mais ils peuvent aussi se montrer très discrets, voire cauteleux, et vous spolier en catimini. Jusqu'à jouer les inspecteurs des poubelles. Ils sont aussi capables de faire preuve de filouterie par de fausses promesses ou des engagements non respectés. Il vous faudra devenir plus méfiant, moins naïf, moins généreux aussi et plus hermétique. Bien sûr, ne manquez pas de dénoncer au plus grand nombre les manquements à la parole et les malversations.

Le vampire paresseux

Une forme particulière de vampire sangsue est le vampire paresseux. C'est une personne qui, dans le champ professionnel, s'arrange pour ne rien faire ou en faire le minimum, ne pas être là, ne pas proposer ses services, tant et si bien que, de guerre lasse, vous faites tout le travail pour deux.

Écoutons Raphaël :

Mon collègue Antoine aurait vampirisé mon air à l'époque où fumer était autorisé dans les espaces de travail ; aujourd'hui il me laisse faire le travail en allant fumer dehors dès qu'il a besoin de respirer. Son argument, c'est d'avoir du mal à comprendre ce qui doit être fait. Il est aussi très lent, alors nous nous sentons obligés de faire plus pour ne pas pénaliser le service. Ce n'est pas son seul moyen d'échapper aux devoirs. Il lui arrive plus souvent que les autres d'être en arrêt maladie sans que l'on sache vraiment ce dont il souffre chaque fois.

Son manque de conscience professionnelle, sa paresse, le vampire paresseux les masque plus ou moins selon le niveau de management. Mais pour se défendre il ne manque jamais de mauvaise foi et use avec aisance de mensonges. Il y a aussi ceux qui se définissent comme lents, mais perfectionnistes, et qui se révèlent en fait réellement fumistes. Ils ne vampirisent pas votre travail, ne cherchent pas à prendre votre place, mais ils profitent et abusent de votre bienveillance, de votre temps et de votre énergie.

Le vampire saoulant

Un autre vampire croisé dans le milieu professionnel est le vampire saoulant. On en rencontre bien entendu aussi en dehors du travail, en particulier dans notre proche voisinage, mais on peut alors plus facilement leur échapper, ou bien dans la famille, mais on évite alors de s'asseoir à côté d'eux à table le dimanche. La difficulté au travail, c'est quand l'on est tenu de faire équipe avec eux. Il ou elle n'est pas un méchant vampire, plutôt inoffensif au contraire, mais Dieu qu'il ou elle est saoulant(e) ! Quand il ou elle commence à parler, cela ne s'arrête jamais. On a l'impression qu'il n'a pas besoin de respirer, car il n'y a jamais de pause dans ses récits qui s'apparentent à des épopées avec une multitude de détails ou de platitudes. C'est très rarement un bon conteur. Hélas, dans la plupart des cas, vous connaissez la fin de son histoire dès les premiers mots tant son récit est cousu de fil blanc ou, pire, parce qu'il l'a déjà raconté. Et quand bien même vous acceptez d'établir un dialogue si vous avez du temps devant vous, vous constatez rapidement qu'il est impossible d'en placer une. Et, quand c'est le cas, vous n'êtes pas écouté et vite interrompu pour qu'il ou elle puisse reprendre son monologue. Alors, que faire ? Ne vous sentez pas prisonnier, par politesse ou respect, ne vous laissez pas vampiriser par l'oreille. Ce n'est ni poli ni respectueux de sa part de vous réduire à un « dépose-blabla ». N'hésitez pas à l'interrompre : « Je suis désolé, mais je dois passer un appel urgent. » En réunion, proposez un temps limite par intervenant ou un tour de rôle, pour que chacun puisse s'exprimer. En attendant, gardez votre calme, prenez une respiration profonde tout en réfléchissant bien à votre propre intervention en cas d'exposé interminable du vampire. Si c'est un collègue qui s'installe dans cette habitude, il faut y mettre un terme en lui parlant franchement : « Tu es très sympathique, mais tu es trop bavard. Tu parles tout le temps, même quand j'ai envie de silence et tu ne m'écoutes pas. Ça me dérange vraiment, désormais je te ferai ce signe quand je ne serai pas disponible pour t'écouter. »

Le vampire grognon

En est-il des vampires comme des schtroumpfs ou des sept nains ? En tout cas, il existe bel et bien des vampires grognons. Toujours en colère, jamais contents, toujours râleurs, à l'image des personnages souvent interprétés par le comédien

Jean-Pierre Bacri. Ils déstabilisent l'ambiance et attirent systématiquement l'attention sur eux avec une majorité de collègues qui essaient de tempérer leurs états d'âme et favoriser leur confort. Il ne faut pas entrer dans le jeu de ce type de vampires. La meilleure attitude est de ne pas se laisser emporter constamment par quelqu'un qui est énervé ou qui veut toujours être sur le devant de la scène. Il faut l'accepter sans chercher à le changer, à l'apaiser. Plutôt que réfléchir à ce qui le rend râleur, essayez de savoir pourquoi il vous touche tant. Prenez les choses avec humour et avec recul, voyez-le comme un personnage de théâtre ou de cinéma. Bien sûr, n'attendez pas son approbation ni de sentiments de sa part autres que négatifs. Ne modifiez aucunement votre travail, que vous ferez au mieux, sans vous laisser influencer par cette mauvaise humeur.

La victime au travail

Dans le cadre professionnel comme dans la vie privée, on rencontre des vampires qui se posent en victimes ou qui vont se montrer culpabilisateurs pour mieux abuser de vous.

Écoutons Lélia :

Antonia, ma manager, s'habillait toujours en victime. À chaque réunion de travail, elle faisait étalage des difficultés dont elle était victime (et jamais responsable), comme un collaborateur malade, une surcharge de travail, un manque d'effectif, des embouteillages. Aux autres de se positionner sur ses malheurs comme compréhensifs, aidants ou... intolérants. Mais, dans ce derniers cas, c'était le conflit assuré et des réactions théâtrales et dictatoriales, coupant court à toute autre réflexion pendant plusieurs jours.

Pour gérer ce type de vampire, il faut dire les choses. Cela n'implique pas d'aller jusqu'au conflit. Il fera tout pour vous transformer en persécuteur en répondant par la colère, des lamentations d'animal blessé, en vous coupant la parole, en prenant les autres à témoin. Usez alors de calme en demandant pourquoi il réagit ainsi avec colère ou plainte et ce qui le dérange précisément dans ce que vous lui dites. Vous ne le changerez pas, mais vous pouvez agir sur vous, pour ne plus être victime, en communiquant de façon assertive et en restant bien dans votre périmètre d'action, votre périmètre relationnel avec le moins d'inconfort possible. Placez une alarme dans votre tête et, dès que vous vous sentez déstabilisé, rompez. Si le mal-être survient en sa présence, qu'il soit physique (fatigue, maux de ventre, vertige) ou moral, coupez la relation en sortant, en téléphonant. Bref fixez vos limites.

On l'a vu, une des armes du vampire est la culpabilisation. Le vampire victime au travail en use et en abuse. Que ce soit la collaboratrice qui ne fait pas son travail en évoquant ses difficultés personnelles ou votre manager qui s'appuie sur la valeur autorité, légitimité et respect de l'expérience dont vous manqueriez en vous opposant. Retenez que, pour le vampire, vous n'êtes qu'une proie et qu'il n'a cure ni de votre épanouissement, ni de votre intérêt, ni de l'entreprise. Alors, chassez la culpabilité et vous chasserez le vampire qui l'utilise.

L'usurpateur

Dans le domaine professionnel, le plus dangereux des vampires psychiques peut être aussi celui ou celle qui veut usurper votre place ou vous faire partir pour placer à votre poste un homme ou une femme à lui ou à elle. Bref, il cherche ni plus ni moins à vous éliminer du circuit. Et, pour ce faire, tous les moyens sont bons.

– *Les rumeurs*

À ce propos, écoutons Joséphine :

J'ai eu le tort d'être trop confiante avec cette collègue. Elle s'est montrée très curieuse sur ma vie privée et je me suis confiée en pensant qu'elle faisait preuve d'empathie. Rapidement, des rumeurs ont circulé sur mon compte. Elles avaient toutes un fond de vérité, mais très grandement déformé par des interprétations néfastes. Alors que j'avais confié avoir été brièvement hospitalisée pour un épisode dépressif, à la suite de mon divorce, je devenais soudain une femme en errance affective, bipolaire, au lourd passé psychiatrique.

Sur votre lieu de travail, prenez garde à protéger votre vie privée et si vous êtes victime de rumeurs, ne les laissez pas se répandre. Si vous suspectez un(e) collègue d'en être l'instigateur, confrontez-vous à cette personne en tête à tête. Dites-lui calmement que vous savez parfaitement ce qu'elle fait circuler, et menacez de porter l'affaire devant la direction.

– *Le déploiement*

Le vampire qui veut votre place peut aussi déployer ses ailes pour vous faire de l'ombre en se mettant en avant, en vous coupant la parole ou l'herbe sous le pied à la moindre occasion. Difficile pour vous, dont ce n'est pas la nature, de faire la star. Si vous ne parvenez pas à forcer votre tempérament, ne montrez pas votre agacement. Applaudissez à ses succès, mais faites connaître systématiquement tous les vôtres, même si c'est de manière moins ostentatoire, en utilisant les différents canaux d'information auprès de vos collègues et de vos supérieurs. Enfin, pensez à mettre en avant en les valorisant d'autres collègues pour vous créer des alliés.

– *L'envahisseur*

Parmi les autres moyens utilisés pour prendre votre place, le vampire psychique peut aussi se conduire comme un intrus envahisseur. Il ressemble (je m'adresse aux plus de 50 ans) aux personnages de la série américaine *Les Envahisseurs* (*The Invaders*) avec, comme héros, David Vincent pour les combattre. Sans rapport hiérarchique avec vous, le vampire envahisseur va chercher à prendre l'ascendant sur vous en vous donnant des conseils qui s'apparenteront rapidement à des directives si vous n'y mettez pas le holà. Elle ou il va surveiller vos allées et venues, s'informant de vos actions ou de vos productions. Il ou elle finira par s'attribuer la paternité de vos travaux. Ne tardez pas à lui mettre des limites en le (la) remerciant pour ses conseils, mais en lui disant clairement qu'il ou elle s'éloigne de son périmètre de pouvoir et adressez-vous directement à votre supérieur commun.

– *Le saboteur*

Le vampire au travail peut s'engager dans une action de sabotage pour prendre votre place. Il ne vous informe pas quand une réunion a lieu. Il perd les dossiers que vous lui confiez. Il transforme les messages que vous lui demandez de transmettre. Il invente des propos qu'il vous attribue dans le but de vous nuire. Froid ou désagréable avec vous, ce vampire saboteur va en revanche se montrer obséquieux avec la hiérarchie. Face à cette malveillance, il faut frapper fort en coupant si possible tout contact avec cette personne, en tout cas, en lui confiant le minimum d'informations, en ne comptant plus sur elle, en vérifiant tous ses dires et en informant l'entourage du manque de crédit que vous lui accordez. Pour la contrer, soignez votre travail, devenez irréprochable, respectez les délais, les horaires, les engagements, ayez des témoins de vos actes, développez votre savoir-faire et votre faire-savoir.

– *Le critique*

Le vampire qui veut votre place au travail peut aussi se montrer critique à votre égard et donneur de leçons. Si c'est votre manager, il ou elle se met en colère pour une faute d'orthographe dans votre rapport. Il ou elle saisit toutes les occasions de critiquer ce que vous avez fait ou de vous reprocher ce que vous n'auriez pas fait, de rabaisser vos réussites ou de les ignorer pour ne pointer que vos insuffisances ou vos imperfections. Il ou elle trouve toujours à redire. Il ou elle n'est pas clair(e) dans ses consignes qui sont trop générales : « Soyez plus efficace, améliorez votre présentation », au lieu d'expliquer précisément ce qu'il ou elle attend de vous par exemple. Son but : vous pousser à la faute. Si vous ne mettez pas de limites vont s'ajouter des confiscations de paroles, des non-réponses, des conduites irrespectueuses, des dévalorisations successives, jusqu'aux humiliations, qui vont rendre votre quotidien insupportable. Le but est bien sûr de vous miner, de vous déstabiliser, de vous faire perdre confiance en vous. Cela peut aller jusqu'à une forme de harcèlement qui, ne l'oubliez pas, est puni par la loi.

Mais ces vampires critiques, collègues ou supérieurs hiérarchiques, ne le font pas toujours pour prendre votre place ou par crainte que vous ne preniez la leur. Leur objectif est parfois simplement de se soulager. En effet, en vous dépréciant, ils projettent sur vous leurs propres doutes, leurs propres faiblesses, comme s'ils s'en débarrassaient. C'est comme s'ils vous injectaient leur mauvais sang tout en prenant le vôtre. Car, finalement, vous risquez d'être déprécié et eux soulagés, en véritables vampires, ils s'élèvent ou se relèvent en vous rabaissant.

Défendez-vous !

Dans le domaine professionnel, comme ailleurs, on retrouve les profils des victimes idéales, et notamment la personne empathique. Prête à vous faire plaisir, prête à se sacrifier pour éviter le conflit au travail. Son credo est de ne pas faire de mal à autrui, car cela lui en ferait à elle-même. Son altruisme est parfois si présent qu'elle s'oublie, ne sait plus ce qu'elle ressent elle-même, n'entrevoit plus ses propres besoins et désirs, au profit de ce que ressent l'autre, client, collaborateur ou collègue. Le vampire n'en fait alors qu'une bouchée. C'est pour la personne empathique que la prise de conscience est le plus difficile. Elle doit comprendre que mettre son empathie au service de n'importe qui la place à la merci de n'importe quel vampire et en position de ne plus pouvoir aider personne une fois qu'elle sera vidée de son énergie. Pour retrouver ses bases, l'empathique doit avoir l'occasion de se retrouver seul afin de ressentir exclusivement ce qui émane de son intériorité, sans être parasité par les émanations d'autrui.

Si vous êtes concerné, la première étape est donc de prendre conscience de l'origine de votre mal-être : un vampire est entré dans votre environnement professionnel et vous en êtes la victime. Ensuite, il faut vérifier ces impressions auprès de tiers. En parler permet à la fois de se libérer émotionnellement, de prendre du recul et d'analyser au mieux la situation. Consultez éventuellement un psychologue qui vous aidera à faire la part des choses entre le vampirisme et de simples manipulations de la vie de bureau ordinaire. Enfin, il faut agir en fonction de la situation et communiquer auprès du vampire en lui demandant de cesser ses agissements. Vous avez aussi la possibilité de trouver des appuis dans le cadre professionnel, car il ne faut pas rester seul dans ce genre de situations, surtout si vous êtes confronté à un grand prédateur, que ce soit votre supérieur hiérarchique, la directrice des ressources humaines, le médecin du travail ou le délégué syndical.

Ce n'est pas toujours facile, car le vampire n'apparaît pas d'emblée comme hostile ou malveillant, mais est plutôt charmeur, aidant et aimable.

Christelle en témoigne :

Quand je suis arrivée dans cette entreprise où je ne connaissais personne, cette collègue, plus âgée que moi, m'a prise sous son aile. Elle prétendait me défendre auprès du boss et contre les collègues, jusqu'à ce que je comprenne plus tard que les critiques dont j'aurais été l'objet selon ses dires étaient exagérées, déformées ou carrément inventées par elle ! Sous couvert de conseils, elle n'avait de cesse qu'elle ne me décrie : sois moins éparpillée, moi aussi je l'étais quand j'étais plus jeune, tu perds en efficacité. Puis elle prétendait que j'étais trop pointilleuse selon notre chef, trop émotive ou trop individualiste. Mon envie d'aller travailler diminuait d'autant que je me sentais coupée des autres et sous la coupe de cette collègue qui faisait de moi ce qu'elle voulait, et notamment son travail, sous prétexte de m'aider à contrebalancer mes pseudo-insuffisances.

Prenez vos distances physiquement dès que cela vous semble réalisable. Dans le cadre professionnel, demandez à changer de bureau, utilisez des écouteurs, mangez ailleurs, réduisez au minimum les interactions avec cet abuseur. Imposez aussi des limites dans ce que vous pouvez accepter de lui ou d'elle, que ce soit dans ses attitudes à votre égard, ses comportements, ses propos. Une fois que vous avez défini votre territoire, il faut vous assurer de le faire respecter. Chaque fois que la limite est dépassée, réagissez. Peu importe qu'il y ait en retour de sa part des remarques négatives à vos récriminations. Prenez-les comme un accusé de réception. L'essentiel est que vous ayez notifié une mise à distance, quitte à vous répéter ultérieurement s'il, ou si elle, tente une nouvelle intrusion. Soyez précis dans vos exigences et vos consignes, en disant par exemple : « Je ne veux pas que vous entriez dans mon bureau sans avoir frappé à la porte et sans que je vous aie invité à entrer. »

Face à des critiques répétées dans votre dos, il importe de faire une mise au point lors d'une confrontation avec votre supérieur, au cours de laquelle vous demanderez si votre travail pose problème afin d'avoir une confirmation publique que vous êtes reconnu à votre juste valeur. Il vous est aussi possible de vous confier à votre hiérarchie en l'informant du caractère toxique d'une ou d'un collègue vampire en donnant des exemples concrets où votre énergie est aspirée. Votre supérieur doit alors arbitrer.

Si vous avez affaire à un vampire manager, n'hésitez pas, tout en gardant votre calme et en reconnaissant vos véritables erreurs, à vous défendre pied à pied et à démontrer vos qualités en mettant en valeur vos réussites. Pour cela, poussez le vampire dans ses retranchements en lui demandant d'être précis dans ses critiques. Si le vampire est repéré et blâmé, sa capacité de nuisance au travail va fortement diminuer.

Si un supérieur vous vampirise avec une pression de rendement excessive, faites connaître vos limites, sur les horaires par exemple. Refaites valider le cadre de votre mission. En effet, le manager vampire profite toujours d'organigrammes imprécis, de cahiers des charges peu clairs ou de restructurations pour surcharger divers postes. Évaluez une charge de travail acceptable et le salaire qui lui correspond. Renseignez-vous aussi sur les possibilités de changer de service ou carrément d'employeur. Dire ce que l'on ressent en utilisant le pronom « je » est toujours utile, quelle que soit la nature du ressenti, et si cela se révèle justifié ou non. Il importe par ailleurs de préserver une vie privée satisfaisante qui servira de contrepoids et vous aidera à prendre du recul sur la situation.

Enfin, l'ultime recours est de couper les ponts. Quitter un travail, partir, fuir pour « sauver sa peau » n'a rien de lâche. Dans le monde animal, la fuite est un mécanisme de défense largement répandu qui permet d'aller donner le meilleur de soi ailleurs. C'est pour cela que fuir n'est pas échouer si l'on prépare ce départ, qu'on le négocie et que l'on sait où aller pour arriver à bon port. En cas de souffrance avérée, on consultera un psychiatre, un psychologue, éventuellement un coach pour se faire aider.

Toutefois, il peut arriver qu'un manager, un chef d'équipe, un dirigeant se fasse également vampiriser par un collaborateur ou un employé. Surtout si le supérieur a une personnalité altruiste, aidante.

Au début, le vampire va lui donner l'impression que son aide est non seulement la bienvenue, mais produit des effets merveilleux. Il ou elle va le complimenter, lui exprimer sa reconnaissance, lui laisser croire qu'il est un véritable guide. Jusqu'à ce que ce dernier se retrouve suffisamment pris au piège de son rôle de pygmalion et de l'interdépendance que cela a pu produire. C'est alors que l'élève prend le pouvoir sur le maître. En effet, l'élève préféré a été investi des espoirs du maître. Il s'est montré efficace et lui a donc renvoyé l'image d'un très bon maître. Si l'élève vacille, c'est l'image positive que le maître a de lui-même qui vacille. Il est alors prêt à tous les sacrifices pour maintenir l'élève en pole position. On assiste alors à une inversion des dépendances. Et l'élève, qui est ici le vampire, a alors tout loisir pour absorber toujours plus d'attentions, d'applications, d'efforts, d'énergie psychique de son maître.

Enfin, dans le cadre professionnel, attention de ne pas imaginer qu'on est obligatoirement vampirisé. Un manager qui nous demande de faire un travail pour lequel on est payé n'est pas systématiquement, tant s'en faut, un vampire !

III

LES VAMPIRES FAMILIAUX

Les vampires ne sont pas toujours des étrangers. Ils vivent parfois très près de nous. Ils sont souvent dans notre entourage, parfois même dans notre famille. Un fils, une fille, un frère, une sœur, un cousin, une cousine, un de vos deux parents ou grands-parents peuvent se révéler de très bons vampires.

Si le vampire psychique peut agir avec tout le monde, y compris un membre de sa propre famille, il arrive cependant qu'il n'exerce ses « talents » qu'en dehors de celle-ci, préservant sa fratrie, ses parents ou ses enfants. Mais bien sûr, il peut trouver ses, ou sa principale, victimes au sein de ses proches, voire continuer à vivre aux crochets d'un parent, d'un enfant, d'une sœur ou d'un frère.

L'impact sur les victimes est évidemment plus important quand le vampire est un père ou une mère et quand la victime est un jeune enfant, cet être en développement qui n'a personne d'autre pour le protéger. J'ignore s'il existe une transmission génétique du vampirisme psychique. En revanche, les enfants peuvent imiter, parfois aller au-delà de la simple imitation, ou s'identifier à un parent plus âgé (père, mère, membre de la fratrie, grand-parent, oncle, marraine) qui se conduit comme un vampire psychique, que cet enfant en soit ou non lui-même la victime.

L'identification est un processus psychique qui conduit un enfant à intégrer une allure, une qualité, un sentiment, une faculté, un désir, conscient ou non, un aspect, une propriété, un trait de caractère présent chez l'adulte, qui sert de support à cette identification. Ainsi, l'enfant va se transformer totalement ou partiellement à partir de ce modèle. C'est un phénomène qui va plus loin que la simple imitation. La personnalité d'un enfant se modifie au cours de son développement, mais les premières identifications sont le creuset de son identité. L'identification est chaque fois en totale résonance avec les émotions. Elle est guidée par le lien affectif existant entre lui et l'adulte. Aussi, les parents sont-ils les supports essentiels de ses identifications. Mais cela peut être également une nourrice, des grands-parents. C'est pourquoi l'on devient habituellement vampire en raison d'une fréquentation durant l'enfance d'un vampire dans son proche entourage, en particulier au sein de la famille. Mais ce n'est pas systématique. A contrario, certains enfants deviennent vampires dans une famille où il n'y a pas de vampires avérés. On sait cependant que des personnalités peuvent sauter des générations pour transmettre les mêmes effets.

Il est des situations où un être, victime, dès l'enfance, d'un vampire psychique dans sa famille, peut s'en libérer une fois adulte, mais, bien souvent, il ou elle peut continuer à être victime de son vampire, qu'il soit ce père, cette mère, ce frère ou cette sœur.

Pères vampires

Il serait faux de croire que le parent vampire est toujours la mère. Certes, les mères dévorantes sont plus souvent évoquées, mais il existe aussi des pères tout aussi dévorants. Les Grecs de l'Antiquité en avaient conscience. En effet, dans leurs mythes – fondateurs de la civilisation occidentale –, Cronos, le fils du ciel et de la vie, dévorait ses propres enfants au fur et à mesure que son épouse (et sœur) Rhéa les mettait au monde. À la naissance du sixième enfant, prénommé Zeus, Rhéa décida de mettre un terme à cette hécatombe et cacha le petit Zeus. Elle déposa une pierre dans le berceau, que Cronos engloutit à sa place. Devenu adolescent, Zeus finit par renverser son père et l'obligea à régurgiter ses frères et sœurs (les futurs dieux grecs) emprisonnés dans son estomac. Il faut dire que Cronos avait de qui tenir. Son père, Ouranos (le ciel), maintenait prisonniers ses enfants dans le ventre de sa femme (et propre mère) Gaia (la terre), les empêchant de naître.

Le vampirisme paternel revêt des formes analogues au vampirisme provoqué par la mère, mais il présente aussi des aspects spécifiques.

Intéressons-nous au cas de Laura :

Le père de Laura voulait faire d'elle le fils qu'il n'avait pas eu. Tout, dans l'éducation qu'il lui donna et au sujet de laquelle la mère n'avait guère son mot à dire, devait la mener à réaliser ce qu'il n'avait pu accomplir dans sa propre vie. Ce n'est qu'à la mort de son père que Laura s'aperçut à quel point sa féminité avait dû être refoulée à force d'être niée et, plus largement, combien sa véritable personnalité n'avait pu s'exprimer. « J'avais aussi renoncé à être mère. Je préférais être un fils pour mon père, qu'une mère pour un fils ou une fille », précise-t-elle. *Elle se rendit compte dramatiquement que ce fut son existence tout entière qui avait été vampirisée.*

Certains pères ont une relation œdipienne si forte avec leur fille que celle-ci se retrouve dans l'incapacité, une fois devenue adulte, d'avoir une relation sereine avec les autres femmes.

Écoutons Camille, 52 ans :

Mon père était mon héros et, au-delà, mon maître à penser. Aussi loin que je me souvienne, j'avais du mépris pour ma mère. Je me demandais même ce que mon père pouvait bien lui trouver. Lui a toujours été câlin avec moi et il n'avait de cesse qu'il ne me valorise physiquement. Ma mère voulait me mettre des limites quand j'outrepassais la bonne conduite, mais lui la critiquait dans son dos et me cédait tout. À l'orée de mon adolescence, ils divorcèrent et mon père demanda la garde principale faisant porter à ma mère tous les défauts de la terre. Je témoignais contre elle, racontant des contre-vérités entretenues par mon père, affirmant par exemple qu'elle se promenait nue devant moi, qu'elle me battait et autres mystifications. J'étais véritablement aliénée à mon père. Ma mère, déprimée, finit par renoncer, car je lui menais la vie trop dure. Plus âgée, je n'allais même plus chez elle le week-end. Devenue adulte, je suis restée très proche de lui, lui demandant son aval sur toutes les décisions que je devais prendre et lui rendant tous les services possibles. J'ai eu des petits amis que je quittais assez rapidement, mais aucun qui m'ait détachée de mon père. Avec les filles, ce fut toujours plus compliqué. Je les trouvais inintéressantes, et, quand elles étaient intéressantes, j'en faisais aussitôt des rivales. Avec elles, mépris ou concurrence étaient mes ressentis dominants. Je n'ai compris que bien plus tard combien j'avais été injuste avec ma mère, et surtout combien je fus utilisée par mon père.

Dans ces situations, c'est la capacité aimante, voire la libido, c'est-à-dire l'ensemble de l'énergie désirante qui est vampirisée par le père.

Mères vampires

Les mères ne sont pas non plus en reste dans leur aptitude à vampiriser leur enfant. Dans ce cas, tous leurs enfants pourraient en faire les frais. Néanmoins, il n'est pas rare que ce soit seulement un membre de la fratrie. Tout se passe alors comme si cet enfant devait se retrouver la victime expiatoire pour le bien-être des autres. C'est l'enfant désigné pour nourrir la mère vampire, permettant à ses frères et sœurs (et aux autres membres de l'entourage de la mère antérieurement vampirisés par elle) d'être épargnés et de pouvoir ainsi s'émanciper, de vivre pour eux. Je reçois en consultation certains de ces enfants. Il faut dire que le vampirisme dont ils sont victimes a des incidences sur leur développement personnel, et ils présentent un voire plusieurs symptômes. En général, ces enfants sont conduits en consultation pour des symptômes somatiques, car ils n'ont pas d'autres possibilités de se faire entendre. Ils masquent leur propre manque puisqu'ils ont une mission : protéger leur mère.

C'est le cas de cette fillette, Yarah, 6 ans, que je reçois, adressée par l'équipe médicale de l'hôpital où elle a été soignée depuis un an et demi pour des maux de ventre. Or, malgré tous les examens effectués, aucune cause médicale n'a été trouvée. « Elle a toujours été très collée à moi », me dit sa mère qui prend Yarah sur ses genoux en consultation. « Est-ce que l'inverse est vrai aussi ? » lui demandé-je. Elle ne comprend pas bien la question pour finalement reconnaître qu'elle-même est proche d'elle, mais qu'elle a d'autres enfants dont elle doit s'occuper et qui sont moins « après elle ». La nuit, Yarah dort encore aux côtés de sa mère et a droit, malgré son âge, à la tétine. Elle rate souvent l'école pour des maux de ventre et reste alors avec sa mère qui travaille à domicile. Le père, que je demande à rencontrer les fois suivantes, me confirme à sa manière ce lien de dépendance entre mère et fille : « Elle n'est attachée qu'à sa mère. Un vrai pot de colle avec elle. Elle ne veut jamais aller dehors avec moi. Dès que je lui propose d'aller faire une course ou n'importe quelle autre activité pour enfants, elle me dit : "Non, je veux rester avec maman." Elle est comme cela depuis qu'elle est née ! Elle m'a toujours tenu tête et elle fait des colères terribles si j'insiste. Alors je cède. » Le suivi de Yarah permit rapidement la disparition des maux de ventre. Elle a eu un espace de parole dans lequel elle a pu dénouer ses maux. Mais ce qui a rendu l'amélioration pérenne, c'est le suivi en parallèle de sa mère qui put ainsi exprimer un manque affectif très ancien et qui était à l'origine de son vampirisme maternel avec sa fille. Il y fut question de ses carences quand elle était toute petite, un père absent du foyer pour des causes ou des prétextes professionnels et une mère, probablement bipolaire et très mondaine, qui sortait un soir sur deux, confiant son enfant à des baby-sitters. La mère de Yarah avait grandi sans aucune continuité affective et ce manque immense à combler. En femme intelligente, elle comprit les enjeux pour sa fille et accepta une prise en charge et des conseils pour s'abreuver d'affection de façon plus diversifiée.

Il existe plusieurs manières d'être vampire pour une maman, qu'elle soit manipulatrice, dépendante, en manque affectif ou victime, par exemple. Mais qu'elle soit dépendante ou culpabilisatrice, un vampire est toujours un cas particulier quand il s'agit de votre mère. En effet, vous l'avez sur le dos depuis votre naissance et elle a ainsi, d'emblée, une emprise sans commune mesure sur votre existence. Je ne compte pas épargner les pères. Mais il est vrai que je reçois beaucoup plus de témoignages concernant les mères vampires sans doute parce que l'éducation des enfants était encore ces dernières années majoritairement de leur ressort. Mais aussi parce que le fait que l'enfant soit issu de sa propre chair, de l'avoir mis au monde, facilite le sentiment de possession. On parle volontiers de « mère possessive ». D'ailleurs, ce terme de possession renvoie à la démonopathie[1], propre aux démons comme aux vampires.

1. Terme psychiatrique ancien du XIXe siècle désignant une forme d'aliénation mentale où le patient a la conviction d'être investi, possédé

Johan, 45 ans :

J'ai perdu ma mère vers 7 ans. Mon père s'est alors aussitôt remarié. Je ne voulais pas prendre le risque de perdre une autre mère, c'est pourquoi j'ai toujours cherché à satisfaire ma belle-mère. Nous vivions à l'étranger où mon père avait des missions. Un jour, ma belle-mère et moi, nous étions allés au marché à Jakarta pour regarder des tissus afin de faire coudre des chemises. J'avais choisi un tissu à carreaux très classique. Elle en préférait un autre en crépon multicolore. « Tu ne préfères pas celui-là ? Tu ne le trouves pas joli ? » insistait-elle. Je finis par acquiescer en faisant la moue. Finalement, ma belle-mère a acheté les deux pour faire une chemise dans chaque tissu. Au retour, je l'ai entendue raconter notre sortie à mon père et lui dire que mes choix la surprenaient. Je pris cela comme un reproche. Quelques jours plus tard, revenue de chez le tailleur, elle a étalé les chemises sur le lit avant de m'appeler. Moi je me suis rué sur la chemise en crépon multicolore en disant que c'était finalement celle-là que je préférais, ravi de la voir ravie. Je faisais tout pour me conformer à ses moindres désirs. Je voulais être le fils parfait qu'elle n'avait pu avoir et je renonçais, au maximum de mes possibilités d'enfant, à mes envies afin de lui faire plaisir. Mais si,

---

par le démon et ses créatures. Aujourd'hui, on décrit toujours des manifestations pathologiques liées aux puissances infernales. Ce peut être des troubles comportant des éléments hystériques dans le cadre de superstitions, d'expériences d'envoûtement ou de sorcellerie, qui peuvent être collectives. Plus grave, on rencontre des troubles psychotiques avec des idées délirantes d'influence centrées sur ces thèmes. Les risques étant alors des actes auto-agressifs de la part de la personne qui se croit possédée, des automutilations, parfois des actes destructeurs contre ce corps considéré par le patient comme habité par les forces du mal.

dans mon souvenir, ce fut aisé durant l'enfance (au prix de nombreux troubles psychosomatiques, tels des maux de ventre et un appétit de moineau tout de même), cela devint plus difficile quand je fus adolescent. J'avais le sentiment de la décevoir chaque fois que je cherchais à me satisfaire en dehors d'elle. Ma sœur, quant à elle, faisait de la résistance, ce qui amplifiait la rigidité de ma belle-mère à laquelle mon père donnait toujours raison. Ma belle-mère faisait payer à ma sœur sa rébellion, sa fidélité à notre mère défunte, par des reproches incessants. Aujourd'hui, ma sœur a une mésestime d'elle-même terrible, ne fait que des choix contraires à ses intérêts en tout domaine, et a le sentiment (qui n'est pas absurde) d'avoir gâché sa vie. Moi j'étais habité par la peur fondamentale d'être rejeté par ma belle-mère toute-puissante, et je le suis resté avec mes partenaires de vie. C'est d'ailleurs grâce à mon compagnon actuel que j'ai pu reprendre confiance en mes choix et plus globalement en moi. Je me suis peu à peu déconditionné des désirs et des croyances de ma belle-mère, et j'ai transgressé les interdits dans lesquels elle m'avait enfermé. Mais le prix à payer fut de renoncer à la voir. Cette mise à distance a été douloureuse. Mais c'est aussi en me rapprochant mentalement de ma mère défunte dont je n'avais plus un seul souvenir et dont mon père ne me disait rien, mais aussi physiquement de la famille qui nous restait d'elle et que je n'avais pas vue depuis la toute petite enfance, que je pus trouver un socle sur lequel me construire selon mes propres vœux.

La sculptrice Niki de Saint-Phalle a créé des personnages aux allures de femmes mûres, aussi grotesques qu'inquiétantes, elle les a nommées « Mères dévorantes ». La mère vampire psychique n'a pas de physique spécifique, mais l'enfant qui a une mère vampirisante la dessine habituellement de façon volumineuse.

Écoutons Estelle, 34 ans, victime d'une mère vampire :

La bouche dévore parfois l'oreille qui l'écoute et après l'oreille vient le reste. Ma mère ne m'a pas sucé le sang, mais mon écoute, mon attention, ma conscience. Alors que tout un chacun a d'abord soi-même comme objet de préoccupation primordial avant de se tourner vers autrui, moi c'était ma mère qui était ma préoccupation primaire. C'est à elle que je pensais en me réveillant. Y compris dans mes rêves, elle occupait la première place. Je ne pouvais pas vivre en dehors d'elle car ma mère me déversait ce qu'elle pensait, ce qu'elle ressentait, ce qu'elle imaginait en permanence. Ces confidences étaient un flot continu dont j'appris à me nourrir. Ses chagrins, ses insatisfactions devenaient les miens, comme ses bonheurs et ses espoirs. Cela a commencé très tôt puisqu'elle était ravie de signaler que, nourrisson, elle me parlait beaucoup, respectant, disait-elle, les consignes des pédopsychiatres. Elle omettait alors de préciser qu'elle n'établissait sans doute guère de dialogues imaginaires et qu'elle ne tenait sans doute aucunement compte de mes réactions quand elle déversait au-dessus de mon berceau ses tombereaux d'états d'âme. Je me suis retrouvée dans la situation d'un enfant que l'on aurait placé devant la télévision pendant des heures et des heures. Je recevais les émotions, les pensées, l'imaginaire de ma mère sans pouvoir m'en protéger. Mes propres émois et pensées n'étant pas reconnus je devais faire miens ceux de ma mère pour qu'ils soient validés par elle. L'état de dépendance dans lequel cela m'a placée était infini. À l'adolescence, j'ai connu des troubles du comportement alimentaire durant des années. Ils étaient si graves qu'ils menacèrent mon pronostic vital. Ils furent cependant la traduction de mon besoin d'exister par et pour moi-même. Je les compris comme une tentative désespérée de reprendre le contrôle sur mon corps comme sur mon esprit et de me réapproprier l'un et l'autre. Le suivi que j'entrepris me fut profitable. Je retrouvai un comportement alimentaire équilibré, mais, surtout, je compris que mon anorexie fut une façon de recouvrer une autonomie que je suis parvenue à maintenir. Je vis aujourd'hui chez mes grands-parents et je suis enfin à l'écoute de moi-même.

Vampires fusionnels

Un autre type de mère vampire, plus fréquent mais tout aussi redoutable, est la mère fusionnelle.

Elle ne cherche pas à imposer sa vision du monde à son enfant, puisque son enfant étant en totalité partie prenante d'elle, peu importe sa propre vision du monde. La mère fusionnelle n'est ni méchante ni perverse, loin de là. Elle aime son enfant comme elle-même, puisqu'il est en elle et qu'elle et lui ne font qu'un. Elle l'aime plus qu'elle-même d'ailleurs, puisqu'il est la « meilleure part » d'elle-même. Cet enfant, fille ou garçon, est ce qu'elle préfère en elle, elle ou il représente son moi idéal pour le futur.

Pour la mère fusionnelle, tout commence bien sûr quand elle se sait enceinte, mais, plus clairement, quand l'enfant arrive. Ce temps classiquement décrit de la mère et de son nouveau-né ne semblant former qu'une seule unité ne serait pas préjudiciable à ce dernier, à la condition évidemment que cela ne dure pas éternellement. Les frontières personnelles entre le bébé et sa mère fusionnelle n'existent pas encore, et la relation de dépendance est totale. Ce qui est une étape dans le développement du bébé ne doit pas aller au-delà des premières autonomies motrices du jeune enfant. Sans compter que, de nos jours, époque de parité, cette relation de fusion qui répond aux besoins de l'enfant les premiers mois peut être également partagée entre les deux figures d'attachement que sont la mère et le père, voire avec d'autres tiers comme on le voit pour des enfants placés en crèche auprès d'éducatrices de jeunes enfants et de puéricultrices dès le troisième mois (qui marque en général la fin du congé maternité). Si la relation fusionnelle se poursuit, l'enfant devenant grand ne parvient pas à développer son sentiment de sécurité interne. Il reste dépendant de la présence du parent fusionnel pour s'assurer un état de sérénité, et cela peut aller jusqu'à la nécessité de la présence parentale pour avoir le sentiment d'exister. Tout se passe alors comme si l'enfant ne s'autorisait pas à bien vivre en dehors du parent en question, comme si cette absence le dévitalisait. Plus tard, si le parent disparaît ou que la distance s'impose pour diverses raisons, l'évitement de la mort psychique passera par la dépendance à un tiers, à des substances toxiques voire à des comportements potentiellement préjudiciables (troubles des conduites alimentaires, addiction aux jeux, etc.).

De nos jours, la relation fusionnelle est moins possible quand les deux parents travaillent, car le mode de garde fait tiers. Cependant, ce type de relation est renforcé par la réduction du nombre d'enfants par couple, ce qui favorise la continuité d'un lien d'interdépendance avec un seul enfant. La programmation des naissances est un autre facteur propice à une relation fusionnelle. En effet, elle donne l'illusion que l'enfant « si je veux, quand je veux » est bien à soi, fabriqué par soi et non comme un cadeau du ciel. La mégalomanie maternelle favorise la relation fusionnelle. Cette mégalomanie traverse provisoirement l'esprit de la plupart des femmes qui mettent au monde un enfant. Donner la vie est un pouvoir divin, de quoi se croire sortie de la cuisse de Jupiter. Pourtant, nombreuses sont les mères qui autorisent leur enfant ou l'invitent à se décoller d'elles pour gagner en autonomie. De son côté, la mère en tirera d'ailleurs des bénéfices, car tout en poursuivant ses missions d'amour et d'éducation, elle retrouvera des centres d'intérêt personnels, des loisirs, des obligations, des investissements affectifs qui ne seront aucunement liés à son enfant.

Johanna a commencé seulement à l'âge de 37 ans à voir le monde avec d'autres yeux que ceux de sa mère. Cela grâce à l'aide de son entourage et au travail personnel qu'elle a mené sur elle-même. Elle rapporte :

Je n'avais pas de reproches à faire à ma mère, car elle avait toujours été là pour moi. Le sentiment ou plutôt la conviction que je lui devais tout ne m'a jamais quittée. Je ne voyais pas de bonheur possible, voire pas de salut en dehors d'elle. Devenue adolescente, je ne me suis pas décollée d'elle comme mes amies le faisaient avec la leur, puisqu'elle est alors devenue ma meilleure copine. Elle accueillait en effet mes amies comme si elle était ma sœur et partait en vacances avec nous quand, jeune fille, je partais à l'aventure avec mon cercle. Je prenais alors pour de la complicité ce qui était encore de la fusion. En fait, je ne me sentais pas bien en sa présence, sans pourtant avoir conscience que c'était cela qui me gênait. Je croyais que j'avais une nature faible, inhibée, éteinte, peu assurée, or c'était ce parasitisme qui m'empêchait de m'épanouir sans que je le comprenne alors. Je ne suis pas partie étudier à l'étranger comme je le souhaitais pour des raisons qui m'échappent, mais que la lecture de mon inconscient expliquerait sans doute par les menottes qui attachaient mon cœur à celui de ma mère. Je comprends aujourd'hui aussi les échecs amoureux successifs qui ont jalonné mon parcours de jeune femme énamourée. Quand j'ai eu mon appartement, les échanges téléphoniques auraient fait exploser n'importe quel forfait s'il n'avait pas été illimité. Elle était ma meilleure conseillère et moi la sienne. Je lui faisais les récits détaillés de ma vie d'amoureuse et mes ruptures successives ne faisaient que confirmer son avis sur l'inconstance ou la veulerie des hommes, à l'image de mon père qui "nous" avait quittées me répétait-elle quand j'avais 4 ans, omettant de me dire qu'il n'y avait plus guère de place pour lui et encore moins d'affection de la part de sa femme, qui d'ailleurs ne l'était plus dans les faits dès ma naissance. Devenue adulte, je continuais à rechercher sa validation ou sa reconnaissance pour chacun de mes choix, à satisfaire ses désirs avant ceux de tout autre, à imiter son apparence. Bien sûr, il nous arrivait de nous fâcher, de ne plus nous parler pendant quelques jours, mais je ne sentais alors nulle libération en moi. Au contraire, je me sentais autant inquiète qu'apathique durant ces périodes d'opposition. Et, au final, ma mère me prenait la tête encore bien plus intensément, car je songeais plus encore à elle qu'en absence de discorde. Sur le plan sexuel, je compris plus tard que ma sexualité avait été d'une certaine manière spoliée.

Ma mère jouissait davantage de moi en tant que mère qu'avec n'importe quel autre homme. J'étais son godemiché virtuel. Devenue adulte, j'ai souffert de frigidité, sans en parler à quiconque, jusqu'à ce qu'une sexologue m'éclaire sur l'enchaînement de ma libido à celle de ma mère. Jouir avec un autre ne fut possible pour moi qu'après avoir coupé ces liens de loyauté pernicieux.

Je n'étais pas pour elle un substitut, un pansement ou un souffre-douleur. Je n'étais pas un objet dont elle aurait abusé. J'étais elle. Ou, plutôt, nous étions toutes deux dans le même corps. D'ailleurs, quand j'étais malade elle l'était aussi sans que je sache quelle maladie entraînait celle de l'autre. Nous faisions parfois les mêmes rêves. Et quand, bien qu'éloignée physiquement, il m'arrivait quelque chose de désagréable, elle prétendait toujours avoir reçu une alerte comme cette fois où mon avion avait été sujet à de graves turbulences lors d'un trajet outre-Atlantique et qu'elle s'était réveillée angoissée. Nous étions comme deux jumelles dans le même sac utérin et alimentées par le même placenta. Je compris plus tard que je ne pouvais pas désirer ni être désirée en dehors de cette matrice. Je ne suis pas parvenue à devenir autonome mentalement du jour au lendemain. Il a fallu trois à quatre ans de travail psychique sur moi-même, le temps qu'il faut à un enfant pour marcher, parler et découvrir son libre arbitre. J'ai alors enfin vu le monde avec mon propre regard et j'ai eu le sentiment qu'après une phase douloureuse pour ma mère, c'est comme si elle aussi bénéficiait d'une liberté retrouvée.

La mère vampire fusionnelle, on le voit chez Johanna, peut à la fois se nourrir de son enfant tout en le nourrissant. C'est une double vampirisation, une vampirisation réciproque. Qu'elle le soit ou non, c'est à l'enfant de prendre sa liberté et non pas d'attendre que son ou ses parents la lui donnent. Il sera aidé en cela par sa capacité à renoncer à une sécurité apparente, voire à un fantasme, celui de l'immortalité. En effet, rester un enfant totalement dépendant de sa mère, de celle qui nous a donné la vie, cela veut dire ne jamais grandir, ne jamais prendre sa place dans la lignée générationnelle, c'est surtout, symboliquement, ne jamais risquer de mourir. Ce n'est pas un hasard si les questions de la mort et de l'immortalité acquise soient le noyau commun de tous les mythes relatifs aux vampires.

Couper les liens

Pour vous défaire d'une mère (ou d'une belle-mère) vampire, il n'y a pas d'autres possibilités que de l'affronter, avec, si besoin, le risque assumé de couper les liens définitivement avec elle. Si elle exige que vous soyez présente auprès d'elle ce long week-end et que vous avez prévu autre chose, n'hésitez pas à lui répondre : « Je ne peux pas » ou « Je ne veux pas ». Ajoutez que vous l'aimez, mais qu'elle doit accepter vos limites (tout en sachant que si vous ne donnez pas absolument tout à ces mères vampires, elles considéreront que vous ne les aimez pas vraiment). Le chantage affectif est leur spécialité. C'est d'ailleurs avec son enfant que ce type de chantage est le plus efficace, puisque celui-ci est prisonnier d'une dette de vie à son égard, c'est-à-dire qu'il se sent redevable de la vie qu'elle lui a donnée et de la protection qu'elle lui a accordée tout petit. Or cette dette est impossible à payer, que ce soit à sa mère ou à son père. C'est en s'occupant de ses propres enfants ou des enfants des autres, c'est plus généralement en étant utile aux autres qu'on en est quitte.

Vivre votre propre vie à partir de vos propres désirs et de vos propres refus, bien que cela soit à contre-courant du discours qui a accompagné votre histoire, est justement ce qui vous permettra de mettre la distance nécessaire avec votre mère vampire. C'est ainsi que l'on peut espérer qu'elle se focalisera moins sur vous. Pour finir, pouvoir lui dire oui de bonne grâce et non sans se sentir coupable sera le signe que cette distance protectrice est enfin bien maîtrisée.

Néanmoins, on ne se « dévampirise » pas d'une « *mamma* vampire » comme on coupe le cordon ombilical à la naissance, d'une minute à l'autre ou d'un jour à l'autre. Le cordon psychique et émotionnel est en effet bien plus résistant. Il n'est pas pour autant infrangible. Il faudra démêler un à un les fils tressés au cours de l'enfance en acceptant d'avoir un peu mal ou de faire un peu mal à chaque démêlage afin de pouvoir larguer les amarres. Et, pour savoir si l'on est enfin détaché, on mesure sa culpabilité, qui n'est plus si apparente, quand on s'éloigne de son parent, on évalue alors sa capacité à se lier à d'autres sans dépendance excessive, mais avec l'empathie nécessaire à une véritable union des cœurs. Enfin, on peut mesurer la naissance de ressentis positifs qui irriguent l'esprit comme du sang neuf, donnent des ailes et des couleurs à nos émotions. Et, pour reprendre la chanson de la Reine des neiges du conte d'Andersen version Disney, on se sent « libérée, délivrée ! ».

Plus rares, heureusement, sont les mères vampires porteuses de vœux de mort à l'égard d'un ou de plusieurs de leurs enfants. Le personnage de Médée, mère infanticide, dont l'œuvre de référence est la pièce d'Euripide datant de 472 avant Jésus-Christ, traduit bien les deux faces du pouvoir maternel : donner la vie et la reprendre, comme pour s'en nourrir ou nourrir sa vengeance.

Écoutons à ce sujet l'histoire d'Anna, vampirisée, au sens propre comme au figuré :

J'ai été victime de l'amour de ma mère. Un amour morbide où elle était à la fois ma tortionnaire et ma soignante. Je me souviens enfant de tout ce temps passé chez le médecin, et de ma mère qui parlait à ma place. Mes parents étaient séparés. Je voyais peu mon père car souvent ma mère ne me confiait pas à lui le week-end, prenant le prétexte de mon état de santé. Lui avait refait sa vie, et il était père d'autres enfants, de guerre lasse, il a fini par ne plus réclamer d'explications quand je ne venais pas et de laisser faire. Ma mère était aide-soignante, mais en consultation elle semblait en savoir plus que le médecin. Ou plutôt, que les médecins, car ma mère en changeait souvent. Je me souviens des heures passées à l'hôpital avec ma mère toujours présente à mes côtés, demandant à dormir dans ma chambre. J'étais victime d'une anémie chronique. C'est-à-dire que j'avais une carence en globules rouges dans le sang. Il existe généralement deux types d'anémie : le défaut de production de globules rouges ou la perte ou destruction anormale des globules rouges. Chez moi on ne trouvait pas l'origine. J'étais un mystère pour la médecine. On retrouvait du sang dans mes urines. Ma mère disait que comme ma tante maternelle défunte, je devais avoir un problème au rein. Elle pensait qu'il fallait me le retirer comme on l'avait fait à ma tante, prétendait-elle. Je me souviens de tous les examens, surtout les plus invasifs, que j'ai subis par les différents spécialistes consultés. Parfois, je subissais plusieurs fois le même examen, car ma mère, insatisfaite, changeait de médecins sans toujours communiquer les résultats des examens précédents. J'étais maigre, extrêmement pâle, fatiguée en permanence, avec des vertiges, des essoufflements au moindre effort, ce qui correspond aux symptômes des anémies chroniques graves. Je n'allais à l'école que très rarement car j'étais souvent dans l'incapacité physique de m'y rendre. À l'occasion d'une hospitalisation, je vis pour la première fois une psychologue. Elle eut un doute qui devait avoir des traits communs avec une conviction, car elle demanda une mesure d'éloignement familial. Ma mère décida alors de déménager et il n'y eut pas de suite. Je me souviens des piqûres qu'elle me faisait. Je pensais alors qu'elle faisait elle-même des examens prescrits par les médecins en plus des prélèvements effectués en laboratoire ou à l'hôpital. Jusqu'à ce que je comprenne qu'elle me prélevait du sang régulièrement, et cela depuis toujours. Ma mère me saignait, comme un vampire ! Un médecin de l'hôpital eut suffisamment de doutes pour imposer, via l'accord du procureur, une hospitalisation prolongée sans visite autorisée. L'amélioration spectaculaire de mon état vint alors confirmer ses doutes. Ma mère depuis toujours créait de toutes pièces chez moi une anémie. Elle trafiquait les prélèvements biologiques en recueillant notamment l'urine dans des récipients non stériles ou en ajoutant une dose infime de sang. On me soignait alors avec des antibiotiques toujours plus puissants pour des infections du rein, que je n'avais pas. Elle ne me donnait pas les traitements à base de fer ou de folates en particulier qui pouvaient m'être prescrits.

Elle me faisait prendre de l'aspirine en excès, provoquant des saignements internes. Je découvris alors le nom de cette étrange perversion : le syndrome de Münchhausen[1] *par procuration. C'est une forme rare et complexe de sévices à enfant où l'adulte qui s'occupe de l'enfant, le plus souvent la mère, provoque à son encontre, et de façon volontaire, de sérieux problèmes de santé, répétés, avant de le faire soigner auprès des médecins. La maladie, physique ou psychologique, est inventée ou provoquée par le parent en question, quand bien même il niera toute allégation en ce sens. Les bénéfices du parent maltraitant n'apparaissent pas plus clairement que dans les autres formes de sévices.*

L'instruction fut longue. Un éducateur vint plusieurs fois à la maison pour mener une enquête sociale et finit par conclure que ma mère était la plus attentionnée des mères. Jusqu'à ce que les troubles réapparaissent à la suite d'un déménagement. Je finis par être placée dans une famille d'accueil, et je ne voyais ma mère et ma sœur que le week-end. Ma mère fut condamnée. Aujourd'hui je suis sortie de cette prison de verre. J'ai rompu tout contact avec elle et j'ai pu me reconstruire en psychothérapie, après avoir notamment pu recueillir tous mes dossiers médicaux pour suivre la chronologie de ma vampirisation et comprendre ce qui s'était vraiment passé et me rappeler que je n'ai pas rêvé.

Une femme vampire psychique n'est pas toujours mère. Et quand elle l'est, ce n'est pas toujours avec ses enfants qu'elle est le plus vampirisante.

1. Le nom de ce syndrome dérive du baron de Münchhausen (1720-1797), militaire allemand, mercenaire, engagé dans l'armée russe, auquel sont attribués des exploits invraisemblables. Le syndrome de Münchhausen concerne une personne qui s'invente ou se crée sa propre maladie et occupe le rôle de malade auprès de médecins qu'il met en échec. Ici, le terme « par procuration » indique que la maladie est créée chez autrui, et habituellement l'enfant.

Certaines femmes, vampires avec leur entourage, vont jusqu'à négliger l'éducation de leurs enfants, laissant le père ou d'autres membres de la famille les élever.

Elles peuvent aussi, consciemment ou non, faire de leurs enfants les porte-parole de leur vampirisme, à l'instar d'une mère délinquante qui pousserait ses enfants à voler.

Il arrive aussi, même si ce n'est pas le cas le plus fréquent, qu'une mère se conduise à l'extérieur de la maison en vampire psychique, notamment au travail, avec ses collègues ou ses collaborateurs, et qu'elle soit elle-même victime du vampirisme de ses enfants à la maison.

Dorothée est chef d'entreprise. Divorcée, elle a la garde principale de sa fille de 4 ans. Son ex-mari vit désormais à l'étranger. Elle dirige d'une main de fer près de cinquante personnes que, de son propre aveu, elle pressurise. En revanche, avec sa fille, elle a trouvé sa « maîtresse », ne pouvant rien lui refuser, cédant à tous ses caprices, et, elle se fait, selon ses mots, « totalement bouffer par elle ».

Mais on va voir que dans les familles, il n'y a pas que le père ou la mère qui peuvent se conduire en vampires.

Frères de sang

Au sein d'une famille, tous les membres sont susceptibles d'être vampirisés et tous sont susceptibles d'être des vampires psychiques. On braque beaucoup les projecteurs sur l'impact des parents dans le devenir des enfants, mais on néglige trop souvent l'influence potentiellement délétère des frères et des sœurs sur le développement de chacun.

Voici le cas de Saïd et de son frère jumeau, Brahim :

Après avoir partagé le même utérus et le même placenta avec mon frère, raconte Saïd, *j'ai ensuite partagé le même lit pendant quelques années et ensuite, devenus ados, deux lits séparés dans la même chambre.*

Si nous avons toujours eu les mêmes traits, nos personnalités ont d'emblée été distinctes. Il était le dominant et moi le dominé. Déjà nourrisson, il a toujours davantage attiré l'attention de mes parents. Il était celui qui a marché et a parlé le plus tôt. À l'école, il était celui qui avait autant d'amis que de bonnes notes quand moi, j'étais solitaire, uniquement toléré par ses copains et que je devais bénéficier de soutien scolaire. Mon frère me défendait, mais je devais toujours rester à ses côtés et lui obéir. Il n'hésitait pas à me menacer si je n'obéissais pas à ses caprices. Je me considérais véritablement comme son serviteur. Dans mon esprit, mes jouets lui appartenaient, mais je devais avoir son accord pour utiliser les siens. J'ai retrouvé un dessin où je nous représentais : nous y sommes reliés (nos pieds se touchent sur le dessin) mais il y est beaucoup plus grand, souriant, tandis que mon personnage est dessiné bien plus petit et avec nettement moins de détails. Mon frère Brahim était doué dans tous les sports, et j'étais son meilleur supporter. À l'origine, je testais un sport ou une activité, il s'y mettait, y devenait bien meilleur que moi, je renonçais alors pour en faire un autre, auquel il se mettait à son tour pour y réussir mieux que moi. Après le bac, je quittai Lyon pour aller étudier à Nantes. C'était la première fois que je m'éloignais de ma famille et de mon frère. Je m'y fis alors mes premiers véritables amis et j'y connus des joies que l'adolescence m'avait refusées. J'ai pris confiance en moi et j'avais pour la première fois la sensation de ne pas vivre dans l'ombre de mon frère. C'est alors que je tombai intensément amoureux d'Amelle qui avait beaucoup d'amitié pour moi. Je finis par la présenter à ma famille. Mon frère la séduisit et elle l'épousa. C'est quand je sortis de la longue dépression profonde qui s'ensuivit que je pris conscience d'avoir été toute mon existence vampirisé par mon jumeau. J'appris alors par une étonnante coïncidence grâce à ma mère qui me remit mon carnet de santé d'enfant demandé par mon psychiatre que ce n'était pas qu'une vue de l'esprit. Mon frère m'a véritablement vampirisé au sens propre du terme, c'est-à-dire qu'il s'est nourri de mon sang. Enceinte de nous, ma mère avait découvert, au cours d'une échographie, qu'il existait une différence de liquide amniotique entre la poche de mon frère et la mienne. Les deux cordons ombilicaux étaient insérés sur le même placenta et reliés par des vaisseaux sanguins. Il y avait, comme c'est courant chez les jumeaux, des connexions et des échanges. Mais, alors que normalement ces échanges sont répartis équitablement dans un sens et dans l'autre, entre nous, comme cela peut arriver exceptionnellement, il y avait beaucoup plus d'échanges à son profit. À tel point que le sang était transféré de manière disproportionnée de moi à lui. Si bien que, fœtus, j'avais une taille beaucoup plus petite que la sienne. J'ai bien failli ne pas naître viable si ma mère n'avait pas été bien prise en charge et ainsi pu lutter contre ce qui me menaçait, notamment grâce au repos et à des apports de vitamines et de protéines. J'ai appris qu'aujourd'hui on propose des coagulations au laser des connexions entre les fœtus jumeaux, mais cela n'existait pas alors. Après ma dépression, j'ai opté pour le « décollage ». Direction Montréal. Cinq années plus tard j'ai vécu suffisamment longtemps au Québec loin de mon frère pour renaître et mettre au jour mon unicité. Que tous les hommes soient frères, c'est le souhait de ceux qui n'ont pas de frère. J'ai perdu mon frère, mes parents qui n'avaient d'yeux que pour lui, mais j'ai gagné une liberté et une famille, celle que j'ai construite. L'épilogue de cette histoire est que, hasard ou résultante logique, au fur et à mesure de mon rétablissement, j'appris que mon frère, privé de moi, connut des déboires aussi bien dans sa vie professionnelle que personnelle, comme s'il avait perdu sa fameuse baraka.

La rivalité entre frères existe depuis les origines à travers le récit de Caïn et d'Abel. La mère de Caïn avait déjà surinvesti celui-ci dès sa naissance quand elle déclarait qu'elle avait eu cet enfant « merveilleux » par la grâce de Dieu. Depuis ce jour, Caïn ne renonça jamais à être tout pour sa mère, jusqu'à finir par tuer son frère Abel. Mais vouloir détruire son frère ou sa sœur n'est pas, tant s'en faut, synonyme de vampiriser. Certes, le vampirisme au sein d'une fratrie peut se nourrir de rivalité. C'est généralement le fait de l'aîné sur le puîné – parfois, c'est l'inverse – qui cherche ainsi à prendre le contrôle sur son rival vis-à-vis des parents. Le vampirisme est alors un moyen de domination et de prise de pouvoir (plus discret qu'un affrontement direct à l'instar de Caïn et d'Abel), non une nécessité vitale.

Camélia a souffert du vampirisme de sa sœur cadette qui était victime d'un handicap physique. Le malheur de cette enfant lui a permis de bénéficier de l'attention exclusive de ses parents qui lui passaient tout. Camélia n'a alors rien pu exprimer comme besoins ou désirs personnels qui puissent prendre le pas sur ceux de sa sœur. Elle ne s'y autorisait pas, et, quand elle le faisait, elle avait droit de la part de ses parents à des phrases du genre : « Pense un peu à ta sœur, la pauvre. » La cadette, malgré son handicap, a tout de suite intégré que sa sœur lui était dévouée et c'était toujours sans malice, mais aussi sans remords, qu'elle attendait de son aînée un don de soi sans bornes. « Ce n'est qu'une fois devenue mère que je compris qu'aider ma sœur, la soutenir, n'imposait pas pour autant que j'accepte tout d'elle, que je réprime toutes mes envies ni que je garrotte mes éventuels ressentiments », confie aujourd'hui Camélia.

Avoir été victime de vampirisme familial peut prédisposer à être la victime d'autres vampires psychiques. C'est le cas d'Amélie qui fut victime d'une mère dévorante et qui épousa un homme qui se révéla avec elle tout aussi vampire. Cependant, la prise de conscience d'un vampirisme intrafamilial aide aussi à repérer les vampires dans son environnement social et à mieux s'en protéger.

L'enfer est parfois pavé d'amitié et d'amour. Alors pourquoi les vampires psychiques n'emprunteraient-ils pas aussi le chemin de l'amour et du sexe pour faire de vous leur proie ?

IV

L'AMITIÉ, L'AMOUR ET LE SEXE EN MODE VAMPIRE

Vampire ami

Le vampire psychique, s'il peut parler beaucoup, ne vous écoutera pas pour autant, ou pas véritablement. S'il le fait, c'est uniquement pour avoir des éléments qui lui permettront de mieux profiter de vous. Les vampires psychiques ne sont jamais dans l'altruisme ou, quand ils le sont, c'est une posture. Et ils le font bien savoir lorsqu'ils sont à l'écoute. En revanche, ils sont les premiers à dénoncer l'iniquité ou l'arbitraire et sont les champions pour dénoncer des injustices sur les réseaux sociaux ou pétitionner. Pour eux, dénoncer, c'est d'abord attirer l'attention sur eux.

En règle générale, la première approche du vampire se fait de la façon suivante. Il ou elle va faire état, de façon directe ou au gré de circonstances, d'un souci, d'une difficulté. Ensuite il va attendre votre réaction. S'il sent chez vous une écoute, de l'empathie, un intérêt, voire un malaise, il cherchera aussitôt à établir un lien pour vous revoir.

Ce harponnage de votre attention va persister et se révéler récurrent en cas de relation prolongée. L'ami vampire peut également vous cramponner via les réseaux sociaux, par exemple, ou par téléphone en feignant de prendre de vos nouvelles, de s'enquérir de votre état de santé, de se préoccuper de vos proches ou de vous demander si votre dernier problème a connu une fin heureuse. Mais les deux à trois minutes qu'il ou elle vous consacre seront suivies d'une heure durant laquelle il ne sera question que de sa petite personne, que ce soit pour se gargariser de ses succès, pour se lamenter des obstacles qu'on met à son plein épanouissement, ou pour se plaindre des autres, c'est-à-dire de tout le monde.

Une fois qu'elle m'a parlé de ses problèmes de cœur, de travail ou de santé, confie Adela au sujet de sa cousine qui la vampirise, *elle se sent mieux, elle est plus légère, comme vitaminée, mais moi je suis vite essorée.*

L'erreur serait de faire silence, car qui ne dit mot consent. Et le vampire saura trouver le moyen dans la conversation de vous ramener à lui par des formules telles que : « Tu m'écoutes ? Tu en penses quoi ? » De plus, avec les vampires, même l'écoute flottante est source de dévitalisation ou du moins de temps perdu. Que faire alors ? Il faut affronter et dire clairement que vous n'êtes pas disponible, sans vous excuser. Dites ce que vous avez à faire si besoin, mais coupez court. Et il faut le faire dès le début de la relation d'amitié, sinon vous partez sur de mauvaises bases. En cas d'invitation à des échanges ou à des sorties en tête à tête durant lesquels vous allez inévitablement être vampirisé, apprenez à refuser, sans vous sentir obligé de fournir de raisons ou d'explications. « Non. Je n'ai pas envie » est une phrase suffisante, surtout si on la répète comme un disque rayé.

En amitié, comme en amour, on est parfois aveugle. Il n'est pas habituel que tous nos amis soient des vampires, mais il n'est pas rare que l'un d'entre eux, et parfois celui ou celle que l'on désigne comme le ou la meilleur(e) ami(e) au nom de l'ancienneté de la relation soit, dans les faits, votre vampire psychique. Pourquoi ne vous en êtes-vous pas rendu compte plus tôt ? Eh bien, justement, cette amitié remonte à longtemps, du temps où notre jugement sur autrui n'était pas aussi sûr que maintenant, du temps où l'on n'était « pas bien dans sa peau » et que l'on faisait des choix guidés par le manque ou la névrose, le masochisme, la mésestime de soi ou autre mal-être. La force de l'habitude, le souvenir idéalisé du passé (quand, enfants, vous ramassiez des fraises), le sens du devoir en amitié sont trois autres explications à notre aveuglement. Pourtant, il est des signaux qui devraient nous interpeller. En voici quelques-uns qui peuvent être associés, ce qui milite alors d'autant plus en faveur du fait que votre ami(e) est bel et bien un vampire à votre égard.

– Elle vous appelle dès que cela ne va pas, mais elle ne répond pas présente quand c'est vous qui êtes mal.

Cette non-réciprocité dure depuis trop longtemps pour n'être que de circonstance. Vous décrochez le combiné (ou plus vraisemblablement le portable), ou bien vous la rappelez alors que vous avez du travail, des tâches ménagères, ou vos enfants autour de vous avec des devoirs à faire. Ou c'est le moment dans la journée ou dans la semaine où vous vous divertissez. Normal, à vos yeux avec un ou une ami(e) on doit toujours être là pour lui, pour elle. C'est d'ailleurs pour cela qu'il vous arrive, beaucoup plus rarement il est vrai, de l'appeler le jour où vous avez besoin d'une écoute ou d'un service. Mais c'est justement le moment où il ou elle ne se manifeste plus, se trouve indisponible pour répondre à votre attente, ou bien profite de cet entretien pour occuper l'ensemble des échanges avec « ses » propres soucis. D'ailleurs, si vous arrivez à en placer une, quoi qu'il vous arrive, il ou elle a connu bien pire que vous et ce dans tous les domaines, de quoi vous vacciner à l'idée de recommencer à vous épancher. Et, si c'est vous qui l'avez écouté(e) et conseillé(e) pendant un long moment, vous vérifierez bientôt que vos conseils ne sont jamais suivis. C'est un peu comme si son but n'était pas que vous l'aidiez à régler un éventuel problème, mais était surtout de retenir votre attention par ses lamentations et réclamations. De surcroît, alors que la plupart de ses échecs sont dus à un manque de persévérance, il ou elle va vous faire vous sentir coupable de ne pas l'avoir assez soutenu(e) ou aidé(e). L'ami(e) vampire a en effet l'art de vous faire porter le chapeau de toutes ses difficultés.

– Un autre signal est que les moments de rigolade en commun font désormais plus partie du passé que du présent. On a plaisir à se les rappeler, mais ils finissent par sentir la naphtaline. Et, dans les faits, ce sont plutôt ses problèmes qui occupent vos conversations. Et ceux-ci se succèdent à un rythme soutenu à tel point que la place du plaisir dans vos moments partagés se réduit comme peau de chagrin.

– Un dernier signe, et pas des moindres, car il est sans doute le plus contraire aux valeurs de l'amitié, est l'insatisfaction du vampire face à votre bonheur. Ce qui vous arrive de mieux n'est jamais une bonne nouvelle pour lui ou pour elle. Bien sûr, en apparence il ou elle partage votre joie, mais il ne faut pas être grand clerc pour percevoir que la sienne est feinte. Au mieux, c'est de l'indifférence, au pire du désappointement, comme si votre bien-être pouvait vous rendre moins attaché à sa personne, au point qu'il ou elle va profiter de vos faiblesses pour s'imposer à vous et vous sucer jusqu'à la moelle.

Audrey, 35 ans :

J'avais une amie qui ne semblait jamais contente de mes succès. Mais je passais outre, comme si je trouvais cela normal, me considérant à tort comme plus chanceuse qu'elle, bêtement, car j'avais un mari et pas elle. Nous avions un point commun toutes les deux qui était de ne pas avoir d'enfants. Mais alors qu'elle n'en voulait pas, moi je ne parvenais pas à en avoir. Quand j'ai enfin pu mener une grossesse à terme, elle ne put cacher son amertume, jusqu'à me dire que si je n'arrivais pas à avoir d'enfant jusqu'à présent ce n'était pas par hasard et que je ne devais pas être faite pour être une bonne mère.

Ces signes et les autres qui émaillent ce livre doivent vous faire prendre conscience que votre relation ressemble davantage à du vampirisme qu'à une amitié qui en respecterait les règles élémentaires. Car il n'y a pas d'amitié sans réciprocité.

Écoutons Gustave :

Je me souviens de la première fois où j'ai connu Sam. C'était en première année de fac. Je ne connaissais personne et j'étais plutôt déprimé d'être dans cette fac que je n'avais pas classée en premier dans mes choix post-bac. Il s'est assis à côté de moi pour ne plus me lâcher. Bavard, extraverti, son allure contrastait avec mon côté calme et un peu timide. Pourtant, bien que volubile et sans gêne, s'il connaissait du monde, je me rendis compte plus tard qu'il n'avait pas de vrais amis. Et, au final, j'étais un des rares à le supporter. D'ailleurs, quand, au fil des mois, j'ai fait d'autres connaissances, on me demandait comment je supportais ce grand escogriffe trublion, vaniteux et lourdingue. Sans doute lui étais-je reconnaissant d'avoir égayé ma solitude des premières semaines de fac, mais, plus certainement, il me rappelait un copain d'enfance que j'avais perdu de vue à l'adolescence. Comme lui, il ne pouvait être que le centre de l'attention et drainait l'énergie de tous ceux qui s'intéressaient un tant soi peu à lui. Quand j'appris à mieux le connaître, il avait toutes les raisons d'être déprimé, mais il adoptait une attitude inverse de la dépression. Pourtant, je compris que son euphorie grinçante n'était que le double inversé de la dépression. Sans structure. Incapable de prévoir, il vivait dans l'instant.

Il m'amusait beaucoup par son enthousiasme sur des sujets hors normes. Il adorait parler, raconter des histoires invraisemblables qui ne lui étaient probablement arrivées que dans son imaginaire. Il avait souvent des maux étranges qui survenaient et disparaissaient sans raison précise. Il ne respectait pas la hiérarchie. Il avait besoin d'une attention de tous les instants. C'est ce qui le rendait aussi insupportable aux autres. Il avait également besoin d'approbation constante. Je lui apportais tout cela, mais il arrivait toujours un moment où je n'en pouvais plus. Il voulait toujours plus d'attention, me faisant des crises d'émotivité quand je n'étais pas assez disponible. Quand j'ai eu une petite amie, il s'est montré jaloux et désagréable avec elle. C'est ce qui marqua le point de rupture avec lui. Je réalisai que je devais toujours donner, mais qu'il ne concevait pas que j'aie un espace à moi en dehors de lui.

L'idéal serait que ces amis redeviennent de simples amis en perdant leur facette « vampires » avec vous. Qu'ils restent vos amis et aillent en vampiriser d'autres que vous. Mais s'ils ne sont vampires qu'avec vous, qu'ils le soient devenus ou qu'ils l'aient toujours été et que vous l'acceptiez, alors, il faudra se résoudre à mettre un terme à ce qui n'est plus une amitié.

Si l'amitié est assez peu contée dans les histoires de vampires mythologiques, en revanche les histoires d'amour entre vampires et humains occupent une place centrale autant dans les récits du XIXe siècle et plus encore dans les romans contemporains de vampires.

Vampire amoureux

On peut bien entendu tomber amoureux(se) d'un vampire. Et réciproquement. L'amour rend parfois aveugle au vampirisme d'un ou d'une partenaire.

Dans les mythes traditionnels, comme dans les fictions les plus récentes, les vampires sont chargés d'une symbolique érotique incontestable. Si, traditionnellement, chez les vampires, les sentiments sont absents, au profit de la seule sensualité, on voit de plus en plus apparaître dans les représentations livresques[1] ou cinématographiques depuis la fin du XXe siècle des vampires touchés par l'émotion et engagés dramatiquement dans des histoires d'amour nourries par un romantisme très XIXe siècle. Si, depuis le comte Dracula jusqu'aux romans actuels destinés aux adolescents, la plastique des vampires, qu'ils soient masculins ou féminins, est de moins en moins ténébreuse et de plus en plus avantageuse, il n'en a pas toujours été ainsi. Au contraire, ceux-ci étaient autrefois décrits comme des individus non seulement dangereux, mais laids et repoussants. Tout se passe comme s'ils incarnaient de nos jours la beauté du diable.

Autrefois, nos qualités morales se lisaient, pensait-on, sur notre visage, le bien était beau et ce qui était mal était moche. Aujourd'hui, on sait les apparences trompeuses et l'on peut reconnaître un vampire, à moins de tomber sous son charme, comme trop beau pour être honnête. Un

1. Anne Rice, *Entretien avec un vampire* [1976], Pocket, 2004 ; et le film de Neil Jordan (1994).

trait constant parmi les différentes descriptions de vampire : son intense vie sexuelle. Ses besoins érotiques sont insatiables. Habituellement, ils sont considérés comme inféconds, ce qu'on peut traduire symboliquement comme l'impossibilité de construire quoi que ce soit avec eux qui ne soit voué à la stérilité. Ses relations sexuelles sont classiquement violentes, sauvages, s'apparentant au viol.

Laid ou plaisant, leur charme peut reposer sur l'hypnose. Ainsi, les Amérindiens de la cordillère des Andes considéraient autrefois que les chauves-souris vampires maintenaient leurs victimes humaines endormies en battant leurs ailes à un rythme régulier. Ce pouvoir hypnotique, le « héros » d'un conte amérindien, Aribada, a pu se l'approprier après avoir terrassé l'un de ces vampires communs. Selon la légende, il pouvait dès lors, durant la nuit, s'introduire chez des femmes endormies et abuser d'elles, à leur insu, en agitant deux mouchoirs, l'un blanc, l'autre rouge. Assimilable à un ogre sexuel, le vampire de la mythologie s'est de plus en plus apparenté, à partir de la fin du XIXe siècle, à un séducteur manipulateur. Ses « hôtes » ou « proies » préférés étaient de jeunes vierges, totalement pures à tous égards. Inexorablement, le vampire dévoie, corrompt, pervertit et conduit à la luxure.

Son pendant, côté femmes, est le personnage de la vamp du cinéma muet hollywoodien dont le nom est issu du mot vampire. Celle-ci séduit l'homme et le déprave en le privant de ses capacités supérieures, spirituelles, pour le laisser esclave de ses instincts ainsi libérés. Le vampire de la littérature contemporaine, dans la droite ligne de ses ancêtres, revendique une liberté sexuelle dont la bisexualité n'est qu'un des apanages.

Quant aux vampires psychiques, ils évoluent aussi avec aisance dans le domaine amoureux et sexuel, autant de voies par lesquelles ils s'abreuvent et se nourrissent allégrement.

Dès le début de son histoire, Julien, 34 ans, pourtant très amoureux de Salomé, s'est senti épuisé émotionnellement par cette relation. Au point d'avoir consulté son médecin généraliste, car il pensait couver une quelconque maladie responsable de sa lassitude. « C'est comme si elle drainait mon énergie », déclare-t-il. Il ajoute : *« Je me sentais responsable de tout ce qui pouvait lui arriver de négatif. Elle se positionnait de plus en plus en victime et je me devais de la soulager à tout moment. La culpabilité de ne pas en faire assez pour elle m'étreignait. Elle absorbait toute mon énergie positive. »*

Le vampire psychique peut être un(e) partenaire sexuel(le), un(e) compagnon de vie ou un(e) amant(e). Contrairement à la description de beaucoup de vampires psychiques, le vampire amoureux est capable de sentiment amoureux, mais à sa façon... Ses morsures sont des morsures d'amour (plaisamment traduites par *lovebite* dans la langue de Shakespeare). Le vampire amoureux est fidèle à son hôte ou à sa proie tant que celle-ci continue à le nourrir. Il n'a alors aucune raison d'aller voir ailleurs. D'ailleurs, une relation suffisamment rassasiante lui évite d'affronter les relations sociales et tous les efforts qui en dépendent. Le vampire amoureux cherche la sécurité. Ce n'est pas un pervers narcissique. Au contraire, son narcissisme a tendance à se montrer défaillant et, en vous vampirisant, il recherche une autoaffirmation. C'est un affamé d'amour. Mais c'est la relation qui l'attire, pas vous. C'est ce qui rend parfois le vampire amoureux dévorant dans une relation amoureuse, à l'instar d'un toxicomane.

C'est quand le nourrissage devient moins évident, quand la victime devient réticente ou moins présente qu'il ou elle est alors tenté(e) d'aller voir ailleurs. Mais, auparavant, la souffrance est réelle. Quand on quitte un vampire amoureux brutalement, il souffre terriblement, puisqu'il perd la substance qui fait son entité. Sans sa proie, il ou elle se retrouve vide dans le vide. En effet, le vampire amoureux délaissé souffre d'un manque à être. Il n'existe que lorsqu'il est en lien avec l'autre. Il peut ainsi passer d'un amour à l'autre de façon répétitive, car tous les vampires ne trouvent pas facilement chaussure à leur pied ou cou à leurs dents. Il est classique de considérer que la proie du vampire amoureux est un substitut de l'objet parental, le plus souvent maternel. Sa véritable quête n'est ni l'amour, ni le lien conjugal, mais l'arrêt d'une souffrance liée au manque d'énergie. Quand le vampire se met en couple, c'est davantage l'évitement du déplaisir que véritablement la recherche de plaisir qui est en jeu. Ne vous leurrez pas, le vampire amoureux n'est pas capable d'aimer de façon élaborée, mais il doit se sentir aimé pour pouvoir satisfaire ses pulsions d'ingestion. Pour lui, « l'amour », comme l'écrit Lacan[1], « c'est ce qui est miam-miam ».

La difficulté avec le vampire amoureux, c'est de faire deux, c'est-à-dire deux sujets qui se soutiennent l'un l'autre pour se rendre chacun plus épanoui. Avec un vampire amoureux, on ne fait qu'un, ou, plutôt, il ou elle ne fait qu'un avec soi-même, c'est une énergie vitale pour deux personnes qui est en jeu.

Vampire en manque

Si le vampire psychique ne parvient pas à se nourrir aux dépens de quelqu'un, il pourrait développer ses propres ressources. C'est vrai aussi quand il vit une relation amoureuse. Mais plus il a été habitué à dépendre d'autrui, plus il lui est difficile d'être autonome en termes d'économie psychique. Quand la défaillance énergétique provoque chez lui une certaine fatigue, il peut alors, sous le coup de la panique, réagir de façon agressive et manifester de la colère, voire devenir violent, à l'instar d'un animal affamé ou d'un toxicomane en manque.

J'ai porté cet homme à bout de bras pendant sept ans, me confie Anne. *Ses difficultés au travail, ses problèmes avec sa famille, ses ennuis de santé qui se révélèrent psychosomatiques, ses angoisses existentielles, rien ne me fut épargné et j'étais toujours à ses côtés pour le soutenir. Je suis restée avec lui par affection, par espoir que les choses aillent mieux avec le temps et pour notre*

1. *Séminaire*, livre XI.

enfant. Quand je n'en ai plus pu et que j'ai décidé de le quitter, l'animal perdu et blessé qu'il était s'est transformé en bête fauve. Il a alors fait preuve d'une agressivité verbale dont je ne l'imaginais pas capable, lui qui paraissait si accablé par l'agressivité du monde environnant. Il sut alors trouver en son avocate un soutien sans faille pour m'accabler de tous les torts et réclamer la garde de notre fils et une pension que je devais lui verser.

Il est vrai qu'en cas d'éloignement affectif ou physique de votre part cela peut générer de la douleur, de l'anxiété, voire de la panique chez le vampire amoureux. C'est pour cela qu'il peut tout faire pour vous éloigner des autres en cherchant à vous diminuer, vous retirer progressivement toute estime de soi, en clair vous rendre dépendant afin de vous enfermer pour vous garder tout à lui. C'est un point commun entre certains vampires amoureux et les pervers narcissiques, mais, ici, le plaisir n'est pas dans la manipulation ou la souffrance de la victime, c'est simplement pour s'assurer un « garde-manger » affectif. Le vampire amoureux cherche avant tout la sécurité d'un abri et des réserves affectives. Certes, le vampire amoureux en couple semble renoncer à sa liberté pour sa sécurité, mais, en échange, il prend la liberté de son ou de sa partenaire. Il semble s'assujettir à sa victime, mais c'est pour mieux l'assujettir. Et quand l'histoire s'arrête, car la victime n'est plus assez amoureuse pour se laisser vampiriser, le vampire amoureux va se lamenter, se plaignant à quiconque qu'il est trahi, abandonné, malheureux, à l'instar d'un héros romantique blessé. Cette attitude peut d'ailleurs devenir un atout de séduction et l'amener justement à charmer quelqu'un d'autre.

Étonnamment, les futures victimes des vampires amoureux se trouvent souvent dans une grande attente amoureuse, en quête de l'amour avec un grand A. Pour celles-ci, l'amour doit être un absolu, voire un totalitarisme. Aussi ne sont-elles pas surprises qu'un vampire aimé leur en demande tant, leur prenne autant, les dévore affectivement et les vampirise amoureusement. Jusqu'au jour où elles finissent par comprendre qu'elles ne reçoivent rien en retour, qu'elles sont victimes d'une dictature amoureuse sans liberté ni profit. Une seule chose fait tenir ces victimes idéalistes, croyantes, dévotes de l'amour absolu : l'espoir. Car l'espoir est un auxiliaire de l'amoureux(se). Pourtant, l'espoir que l'autre évolue, qu'il change, est un vain espoir, nous le savons désormais. Mais pourquoi aime-t-on un amoureux vampire puisqu'il ne donne rien ? Certes, certaines victimes ont une personnalité de sauveur ou de secouriste, comme on le verra. Leur histoire les a parfois formées à ce rôle qui remonte sans doute à leur petite enfance, en effet il n'est pas rare qu'elles y aient été le soutien d'un parent, qui attendait cela d'elles, mais c'est peut-être aussi tout simplement qu'elles avaient le désir d'occuper cette place dont elles tiraient malgré tout des bénéfices (par exemple, le petit garçon qui soutenait sa mère souffrante pouvait avoir le sentiment œdipien de faire couple avec elle).

Néanmoins, tous ceux et toutes celles qui restent en couple plus longtemps que le temps d'une passion avec un vampire amoureux ne sont pas des « sauveurs » ou des utopistes acharnés. Il y a aussi ceux ou celles qui sont tenus par un sentiment de culpabilité, le sens de l'engagement et du devoir poussé parfois jusqu'au sacrifice, ceux qui ont des enfants et ne veulent pas les faire souffrir, ceux qui ont une estime d'eux trop faible pour réagir dans le sens de leur salut, ou encore ceux qui trouvent leur nourriture ou une addiction en dehors de leur couple (dans le travail par exemple) et s'en contentent.

Écoutons Athéna, victime de son mari :

En couple depuis une quinzaine d'années, mon mari se révèle dépressif depuis près de dix ans. Toute la maisonnée (nous avons deux enfants) doit tourner autour de ses difficultés psychiques qu'il met sur le compte de la maladie de Lyme. Au départ, je me sentais coupable de lui en vouloir, mais je dois reconnaître qu'aujourd'hui je n'en peux plus. Il draine, depuis toutes ces années, mon énergie émotionnelle. J'ai même la folle impression quand je dors avec lui qu'il prend mon énergie, si bien que j'ai décidé de faire chambre à part. Enfin, je ne suis plus fatiguée après une nuit de sommeil, ce qui était le cas auparavant. Il draine aussi l'énergie de mon fils qui me rend responsable de son mal-être, fait des crises de nerfs et voit ses performances à l'école chuter. Quand j'ai dit à mon mari que j'envisageais de le quitter, il m'a menacée de se suicider. Je me sens coincée.

Et puis, il y a les autres, ceux et celles qui aiment leur vampire amoureux, bien qu'ils se sachent vampirisés, si étonnant que cela paraisse. Il peut, bien entendu, exister une dimension masochiste en amour, qui fait qu'on accepte d'être mis à mal par celui ou celle qu'on aime, surtout si, enfant, on a soi-même été vampirisé par un objet d'amour parental. Mais, pour comprendre cet attachement paradoxal, il faut prendre en compte la dimension narcissique qui veille en chacun de nous. Comme le vampire amoureux ne fait qu'un avec vous, ce que l'on croit aimer chez l'autre, c'est son propre reflet. Le vampire vivant en fusion avec l'aimé, c'est donc soi qu'on aime dans l'autre.

Bien sûr, une fois qu'on a déjà été victime d'un vampire amoureux on pense ne plus jamais se faire avoir de nouveau. Cependant, le vampire amoureux, comme celui des nouvelles représentations romanesques ou cinématographiques qui font le bonheur de nos ados, peut se montrer fort séduisant. Face à tant d'attraits, on baisse la garde, malgré des expériences qui auraient dû nous servir de leçons. C'est la faute de l'ocytocine, cette hormone de l'attachement qu'on a déjà évoquée, que l'on sécrète quand on est amoureux et qui a un fort pouvoir amnésiant, allant même jusqu'à faire oublier tout jugement moral. Les vampires amoureux sont des voleurs d'amour. Ils aspirent l'énergie de votre tendresse, de votre amour, et s'en repaissent sans rien donner en échange. Et beaucoup de victimes se sentent aimées alors qu'elles sont en fait ventousées. On se retrouve dépossédé de son énergie, alors qu'une relation d'amour est, au contraire, censée nous donner la pêche.

Que ce soit à la suite d'une aventure, d'une brève relation, d'une histoire sérieuse ou d'une longue union, vous sortez littéralement vidé. Vous restez attaché à l'autre, car il ou elle détient une part de vous à laquelle vous ne voulez pas renoncer. Or, bien souvent il le faudrait, surtout si votre santé morale et physique, votre équilibre affectif et, s'il y a lieu, celui de vos enfants, pâtissent fortement de cette relation dévorante. Faites le deuil de cet amour, et tournez-vous vers l'avenir afin de faire germer d'autres aspirations qui patientent en vous. Redevenez autonome. Coupez les liens avec ce voleur ou cette voleuse de bien-être. C'est uniquement par le détachement, l'éloignement, le renoncement, la rupture, l'oubli, le pardon (ou éventuellement la vengeance, sauf si celle-ci maintient dans le temps le lien avec son bourreau) que l'on enraye l'hémorragie énergétique.

Vampire sexuel

Le vampirisme peut aussi être sexuel. Cela peut concerner des relations qui s'inscrivent dans la durée, mais aussi de brèves aventures.

C'est le cas de Quentin, 26 ans :

J'ai rencontré ce garçon de mon âge par l'intermédiaire d'un copain. J'étais inoccupé ce long week-end, mon compagnon s'étant absenté dans sa famille pour les vacances et j'avais envie de m'amuser un peu. D'autant plus que physiquement il était tout à fait mon type. Après un bref dîner, durant lequel il a surtout parlé de lui, nous avons passé la nuit chez moi. Sexuellement, je fus surpris par l'intensité de son désir. J'ai perdu le contrôle, moi qui suis habituellement dans la maîtrise. Symbole de la possession que son corps prenait sur le mien, il me mordit à plusieurs reprises en différents endroits sans que je proteste malgré ma douleur. Sans me penser masochiste, je pris du plaisir à ces morsures[1]*. Après avoir fait l'amour, il rentra chez lui et je m'endormis, épuisé. J'aurais dû être bien le lendemain, d'autant qu'il faisait beau et qu'objectivement rien n'allait mal. Pourtant, je me sentais de mauvaise humeur. J'étais morose, irrité, contrarié sans raison, triste même durant toute la journée. Tout s'est passé comme si, à l'occasion de cette fusion des corps, j'avais perdu l'énergie positive qui était en moi la veille, ou comme si j'avais reçu des énergies négatives émanant de ce partenaire d'une nuit. Le soir venu, malgré ma fatigue, une étrange envie de lui me poussa à l'appeler. Il me rejoignit tard dans la soirée et je me donnai à lui après peu d'échanges verbaux. Il assouvit cette fois encore son désir avec violence et me rendit mon corps marqué de ses dents avant de vider les lieux. Le lendemain, ma lassitude fut encore plus pesante. Je fus tenté de le rappeler le soir venu. Je me retins, puis ne me retins plus. Et plus d'une fois je le rappelai. Mais, chaque fois, c'était sa messagerie qui répondait à sa place. Je m'endormis enfin, en rêvant qu'il me faisait l'amour. Je m'ouvris à son sujet à l'ami commun. Celui-ci me dit ne pas bien le connaître, mais croyait savoir qu'il avait pas mal d'amants tourmentés dans son placard. Je le revis pourtant à plusieurs reprises, et chaque fois avec la même lubricité et les mêmes conséquences, car, malgré l'état de viduité dans lequel je me retrouvais après son passage, malgré l'absence de sentiments amoureux, mon corps le réclamait le soir venu. À son retour, mon compagnon découvrit les morsures et s'en inquiéta. Je lui confiai mon aventure*

1. L'odaxelagnie est une pratique qui consiste à provoquer une excitation sexuelle en mordant ou en se faisant mordre par son partenaire.

désolante. Sans jalousie égotiste, il comprit la nature cannibalesque de cette relation. Son soutien sans faille et son amour m'ont aidé à me détacher de cet intrus qui avait pénétré dans ma vie comme par effraction et qu'heureusement je ne croisai plus.

Max, 52 ans, divorcé, évoque quant à lui sa relation suivie avec une vampire sexuelle qui l'a véritablement consumé :

Quand j'ai rencontré Françoise, j'aurais dû me douter de quelque chose, dit-il. *Nous nous sommes connus via un site de rencontres en ligne et dès le premier verre ensemble elle m'a parlé de ses soucis. Je me suis dit au moins cette fille est sincère, elle ne me camoufle pas ses difficultés comme d'autres sur ces sites. L'enfer, pour elle, c'était les autres : ses parents âgés et malades, son ex-compagnon qui lui pourrissait la vie, sa fille, jeune adulte, ingrate, ses collègues de la clinique qui la laissaient faire tout le travail, ses voisins désagréables. Je ne pouvais que m'apitoyer et la plaindre, mais j'aurais pu aussi me dire que j'avais assez de mes propres soucis pour supporter les malheurs d'une autre. Cependant, elle était plutôt jolie, et surtout elle avait l'art de raconter ses petites misères comme si c'étaient des affaires d'État. Moi qui suis assez introverti, j'étais finalement fasciné par ses talents de conteuse. Surtout, rapidement, elle m'a couvert de son amour. Jamais encore elle n'avait rencontré quelqu'un comme moi, avec autant de qualités d'écoute et de cœur. Physiquement, elle s'est d'emblée donnée à moi comme personne jusqu'alors. Je n'avais pas eu le sentiment depuis longtemps de me croire un amant hors pair. J'ai été aussitôt mordu. J'ai conscience avec le recul aujourd'hui que je n'étais pas amoureux sentimentalement, mais vraiment accro à elle physiquement. Je rêvais de son corps toutes les nuits où je ne dormais pas avec elle. Je me masturbais la journée en pensant à elle. Mais cela ne me donnait pourtant pas l'énergie que j'aurais pu attendre de cette source de plaisir. Au travail, je perdais de ma concentration et de ma motivation. Pourtant, j'avais connu des femmes plus belles mais jamais une telle jouissance sexuelle. C'est alors que j'ai tout donné. Elle, de son côté, plus je donnais, plus elle m'en demandait ; toujours plus d'écoute, d'attention, d'affection, d'approbation, de conseils. Au fil de notre relation, je n'avais plus en tête que ses soucis que je faisais miens. Sans doute pour moi était-ce justement un moyen d'oublier mes propres tracas. Mais ces tourments oubliés ne disparaissaient pas pour autant, au contraire, à force d'être refoulés ils n'en devenaient que plus encombrants et ils ne faisaient que se cumuler aux siens aux dépens de mon état de santé. Je me suis épuisé petit à petit à la soutenir en permanence, à m'inquiéter pour elle, à en vouloir à des inconnus, à ne plus m'accorder de temps pour moi, à ne vivre que pour elle, à ne pas dormir pour l'écouter tard la nuit dire ses angoisses, à travailler pour elle quand elle perdit son travail. Cette relation qui a duré deux ans m'en a fait prendre dix physiquement. On m'a décelé une anémie. Puis une crise d'angor que je fis à cause de mon épuisement et qui est l'étape qui précède l'infarctus du myocarde. C'est ce signal d'alarme qui m'a réveillé. Je suis sorti de ma torpeur de sauveur anémique et j'ai enfin suivi les conseils de mon entourage me poussant à rompre. Cette décision m'a sans doute sauvé la vie car je me rétablis progressivement. Je l'ai revue quelques mois plus tard. Je ne lui en voulais pas. Je ne l'ai jamais pensée malintentionnée. Elle n'avait pas changé et avait enfin, me confia-t-elle, trouvé l'amour de sa vie.*

Les vampires sexuels font partie des mythes depuis l'Antiquité, et de nombreux récits en témoignent. Les incubes sont les individus mâles et les succubes les vampires femmes. Dans ces récits du passé, tous deux sont réputés être les vampires les plus résistants, que ce soit aux prières divines ou à l'exorcisme.

La description de l'incube varie selon les époques. Habituellement, ce « démon » mâle est décrit comme velu, hirsute, avec des pieds de bouc (le bouc étant marqué traditionnellement par une forte symbolique sexuelle). Il s'en prend, on l'a vu plus haut, aux jeunes filles ou jeunes femmes, endormies ou non, mais il peut aussi s'en prendre aux hommes. En règle générale, sa victime ressent un poids (celui de son assaillant invisible) qui pèse sur sa poitrine jusqu'à l'étouffer. Peu représenté, dans l'Antiquité gréco-romaine, il est alors souvent assimilé au dieu Pan. Au Moyen Âge, l'incube est assimilé au diable tentateur. Saint Augustin, comme d'autres, débattait de sa réalité et de son pouvoir sur l'âme de ses victimes. Les récits d'assaut par des incubes véhiculés par la littérature ont une connotation sexuelle très forte et des victimes aux sentiments ambivalents où alternent le plaisir et le vécu cauchemardesque.

Revenons au temps présent, avec le récit de Maria :

Je suis mariée depuis huit ans avec un homme gentil et bon père de famille. Je suis devenue la maîtresse d'un homme marié, un voisin. Jamais je n'aurais cru pouvoir faire cela. Il m'a fait des avances auxquelles j'ai répondu. Nous faisions l'amour dès que nous le pouvions, n'importe où, n'importe quand. Entre nous, pas besoin de parler, nous savions ce que l'autre aimait. J'aimais son corps (grand, sportif), ses gestes, sa façon de me désirer, de faire l'amour. Pourtant, jusqu'alors je n'étais pas très attirée par le sexe. Il ne me cachait pas qu'il avait des sentiments pour sa femme et qu'il ne la quitterait jamais. Plus je devenais dépendante de lui physiquement, plus il se montrait blessant avec moi, me critiquant, se moquant de mon corps, annulant nos rendez-vous au dernier moment. Je paniquais pourtant à l'idée qu'il rompe. Mais, plus notre relation avançait, plus je ressentais un sentiment de vide, d'insatisfaction, de solitude et d'insécurité. Quand il rompit et déménagea par la suite, j'ai ressenti des symptômes de manque, des tremblements, des crises de larmes, des troubles du sommeil, une perte d'appétit. J'étais prête à tout pour renouer. J'en parlai à mon mari qui me comprit et m'aida patiemment à retrouver mon état normal.

Les succubes sont des démons qui prennent la forme d'une femme pour séduire un homme avant de l'abandonner. Ce ne sont donc pas de vraies femmes qui, à l'époque, sont considérées comme bienveillantes par nature. Le succube (à noter que le nom est masculin, comme vampire) est à la fois craint et désiré. L'incube comme le succube sont des monstres de désir et rendent monstrueux notre désir au point qu'il nous effare. Le succube a retrouvé ses lettres de noblesse à la fin du XIXe siècle et plus sûrement au début du XXe siècle avec le personnage de la femme fatale qui a illustré de façon sulfureuse les deux premières décennies du cinéma mondial et la littérature de cette époque. On en retrouve même des illustrations chez des auteurs à l'abri de ce populisme misogyne, ainsi Guy de Maupassant, qui, malgré sa compassion pour les femmes en difficulté, témoignait parfois d'une défiance envers la femme sexuellement active, potentiellement vampirisante vis-à-vis de l'homme. Sa nouvelle *L'Inconnue* raconte l'histoire d'un homme devenu impuissant à la suite de l'obsession produite par l'une de ces femmes. Dans la *Lettre trouvée sur un noyé*, il s'agit d'un homme poussé au suicide par une femme fatale.

Plus près de nous, écoutons Nathalie, 38 ans, qui elle, à l'inverse, a fait plutôt l'expérience d'un homme fatal :

Après mon divorce je ne voulais pas revivre une histoire sérieuse. Quand Sylvain est arrivé dans le service où je travaillais, je ne l'ai pas remarqué d'emblée. Son intelligence moyenne ne rattrapait pas son physique quelconque. Et il était marié. Sans aucune méfiance, je n'hésitais donc pas à me montrer naturelle avec lui. Ce soir d'hiver, c'était la grève des conducteurs de trains et je ne pouvais rentrer facilement chez moi. Il s'est alors proposé de me ramener à mon domicile, ce qui ne le dérangeait guère puisqu'il devait rendre soi-disant visite à sa mère qui habitait près de chez moi. Assise à son côté, tandis que ses mains glissaient du volant au levier de vitesse, j'ai ressenti pour la première fois un trouble. Je ne pouvais pas m'empêcher de regarder ses mains, mais aussi ses cuisses. Son costume était aussi banal que sa conversation, mais je le trouvai soudain très bien coupé. Je sentais une présence physique puissante. Je ne sais par quelle intuition il le sentit puisque, sans me regarder, il posa sa main sur ma cuisse. J'eus alors la folie de poser la mienne dessus. Ce fut le début d'une liaison dévorante qui m'a rendue exsangue. La première relation sexuelle avec lui m'a conduite dans un univers inconnu de moi jusqu'alors. Un plaisir purement physique, comme si mon corps se détachait de moi et irradiait de jouissance. Je me suis sentie littéralement aspirée physiquement par lui. Le lendemain, j'ai ressenti de la consternation et de la culpabilité d'avoir tant joui d'un homme que je ne trouvais ni beau ni intelligent ni charmant. Mais aussi du manque. Ce manque ne me quittait pas. Je pensais à cela toute la journée. Mais je n'étais pas euphorique comme on peut l'être quand on est amoureuse. J'étais possédée. Je me sentais contrainte, comme sans doute se sent un toxicomane. J'en oubliais mon travail et me sentais moins présente auprès de mes enfants. Il me fallait ma dose. Lui, clairement, ne dépendait pas de moi de la même façon. Il avait plaisir à me retrouver sans engagement d'aucune sorte pour de vulgaires cinq à sept qui étaient davantage des douze à treize. Il a perçu très tôt mon addiction. Il m'a vite considérée comme sa « petite putain », selon ses termes, ne me donnant rien en retour, ni tendresse, ni reconnaissance, ni sentiment. J'ai essayé de rompre avec lui en tentant de résister à le retrouver, mais cela se révéla impossible pour moi. J'étais sous emprise sexuelle. Après chaque relation, je me sentais honteuse, mais surtout vide. Je retournais hagarde au travail, démotivée, apathique. Tout se passait comme si, chaque fois, cet homme consommait toutes mes batteries. Il prenait, mais ne donnait rien. Je lui en fis part, lui ne semblait pas surpris. Je ne devais pas être la première. Il en a ri, mais il n'a pas fait d'autres commentaires que « méfie-toi de l'eau qui dort ». Il parlait beaucoup par proverbes, comme s'il ne voulait même pas donner le propre fond de sa pensée. Un jour, il a quitté l'entreprise et est retourné dans son pays d'origine. Son numéro de téléphone avait changé. Je n'avais plus une seule nouvelle. J'ai cru devenir folle. Aucune considération pour moi. Je me suis trouvée dans un terrible état de manque au point de devoir me mettre en arrêt maladie. Mes enfants qui sentaient que j'étais mal étaient intenables. Je voulais en finir. Sans l'aide de mes amies et de ma mère à qui je me suis confiée, je ne serais peut-être plus là.

L'une des caractéristiques fréquentes des relations avec des vampires sexuels est que les rapports sont dominés par l'emprise sexuelle. Il y a peu d'échanges véritables. C'est souvent un amour sans bavardages, sans paroles échangées, sans projet, sans promesse, mais où les corps se consument en se consommant. Dans ce type de vampirisme, le plaisir est présent, mais il est généralement associé à un malaise plus ou moins intense. Ce plaisir peut ne pas être assumé ou reconnu comme tel. En effet, la victime peut évoquer essentiellement le malaise qui prend largement le dessus sur la jouissance, qui est alors étouffée. En tout cas, le plaisir peut revêtir des formes inhabituelles, par exemple la découverte du plaisir sadomasochiste, jusqu'alors inédit pour la victime. Le point commun des victimes de vampirisme sexuel, qu'elles soient des hommes ou des femmes, est de se sentir au service de la personne qui les contrôle. Elles ont le sentiment soutenu de donner, de se donner et non pas de prendre. L'estime de soi, l'intérêt qu'on suscite, sa propre sauvegarde, voire sa propre identité sont mis entre parenthèses et ne comptent pas dans l'équation relationnelle. Ce qui est bon pour le vampire est bon, tout simplement. Son désir devient l'aune à laquelle se mesure ce qu'il a à faire avec vous. Votre monde est effacé, absorbé dans le sien.

Écoutons Emma, victime d'une femme vampire sexuelle, après une longue vie maritale hétérosexuelle :

J'avais l'impression que mon corps n'était plus relié à ma volonté, mais aux sens, aux émotions, au corps, au cerveau de cette femme.

Ce vampirisme sexuel peut occasionner, selon la personnalité du dominant, une exploitation de la victime qui paraît consentante, mais qui, en fait, est sous emprise.

José, 35 ans, marié, deux enfants, ne comprend pas comment il fut entraîné dans cette spirale. Il avait rencontré cette fille, Sarah, à des cours du soir. Il a accepté une aventure qu'il imaginait d'un soir. Il se sentit immédiatement accro à elle. Il n'a pas le souvenir d'avoir été amoureux, car, dit-il, *« je n'ai jamais cessé d'aimer ma femme ». Il évoque après coup un « état second ».* Il précise : *« J'avais l'impression d'être dans un univers parallèle, comme durant ces rêves ou ces cauchemars dans lesquels on veut courir, mais où l'on se retrouve paralysé. J'étais comme pris au piège par mon désir physique pour elle. Je n'avais jamais connu cela auparavant. J'en oubliais mon travail, et mes bénéfices ont chuté. » C'est alors que sa « maîtresse » lui fit part de ses difficultés financières, car elle devait aider ses parents ainsi que ses frères et sœurs très pauvres. La suite est cousue de fil blanc, José vida ses comptes pour elle, fit des emprunts, mit en péril financier sa famille jusqu'à ce que sa femme s'en rende compte. Et quand il ne put plus payer, sa maîtresse coupa les ponts avec lui. Entre-temps, il avait perdu sa femme et son travail. Sa reconstruction fut difficile.*

Quand ces victimes osent raconter leur histoire, leurs interlocuteurs s'étonnent toujours qu'elles n'aient pas pu interrompre la relation plus tôt. Or le vampire sexuel rend sa proie dépendante, la relation sexuelle avec le prédateur devient pour la victime sa principale source de gratification. Alors que le vampire amoureux paraît dépendant de vous, avec le vampire sexuel, tout se passe comme si vous étiez physiquement dépendant(e) de lui ou d'elle. En effet, vous ne pouvez pas vous passer de relation intime avec votre vampire, de plaisir sexuel, bien que cela ne vous satisfasse pas moralement. En revanche, si vous êtes empêché(e) d'avoir cette relation, vous souffrez. Votre désir sexuel vous place totalement sous emprise. Cette dépendance physique, sexuelle, s'assimile à une forme d'addiction. D'ailleurs, le mot addiction vient du latin *ad-dicere*, « dire à », et trouve son origine dans la civilisation romaine où les esclaves n'avaient pas de nom propre et étaient « dits à », « attribués à », leur maître (*pater familias*). Le terme d'addiction exprime donc une perte d'indépendance et de liberté et ni plus ni moins une mise en esclavage. On peut considérer que les situations de vampirisme sexuel s'apparentent à une addiction sans objet. Il y a de la part de la victime une perte d'objectivité, une renonciation à soi en faveur d'un investissement exclusif pour ses relations de dépendance au vampire, dépendance à la fois psychologique et physique. On y retrouve l'emprise que cette relation a sur votre vie quotidienne et l'impossibilité de s'en départir sans provoquer un mal-être s'apparentant à un syndrome de sevrage.

On peut tous être victimes d'un vampire (faux) ami, (faux) amour et amant(e) diabolique. Mais certains d'entre nous plus que d'autres.

V

PROFIL DES VICTIMES

Il n'existe pas de profil type de victimes de vampires. D'ailleurs, dans le cas du vampirisme familial, on voit bien que tout enfant peut être victime de ses parents, ne disposant que de très peu de moyens pour s'en protéger.

Néanmoins, il existe des personnalités plus susceptibles que d'autres d'être victimes. À l'inverse, certains, on le voit d'ailleurs dès l'enfance, sauront mieux se défendre contre les abuseurs.

Parmi les victimes des vampires : les hypersensibles et les aidants, ils occupent une place de choix.

Les hypersensibles

Être hypersensible, c'est avoir une sensibilité plus élevée que la moyenne des individus. L'une des principales caractéristiques des hypersensibles est leur aptitude à tout ressentir plus intensément que les autres. Souvent, ils aiment analyser les choses à un niveau profond et sont très intuitifs.

Ils vont très loin pour comprendre, et prennent tout très à cœur. Une personne hautement sensible a une réactivité émotionnelle et physique plus importante, et ce quel que soit le mode de stimulation. Elle va être notamment sensible à des stimuli très subtils, que les autres ne perçoivent pas. Elle réagit émotionnellement avec plus d'intensité que les autres, quel que soit le type d'émotion : joie, colère, peur, surprise, frustration, apitoiement, éblouissement, tristesse, tourment, dégoût, réticence, exaltation, etc. Une autre de ses caractéristiques est sa forte propension à l'empathie. Les personnes hypersensibles se sentent plus concernées par les problèmes de leur entourage, mais leur porosité ne se manifeste pas uniquement avec des proches, cela va jusqu'aux étrangers, des gens croisés dans la rue, dans le métro, potentiellement des personnes en situation de mal-être. Cette aptitude les rend particulièrement perméables à leur environnement et notamment aux vampires psychiques. Car ceux-ci ne se contentent pas d'absorber l'énergie positive de leurs victimes. Ils vont aussi décharger sur elles tout ce qui leur pèse, les handicape, tout ce qui les gêne pour bien vivre. C'est-à-dire qu'ils vont se débarrasser sur leurs victimes de leurs émotions néfastes, de leurs pensées toxiques, de leur énergie négative. Or comme les personnes hypersensibles captent malgré elles plus facilement que toutes les autres ces déjections émotionnelles et en pâtissent fortement, absorbant les émotions de ces proches ou moins proches, partageant leurs souffrances, elles vont en porter tout le poids sur leurs épaules. De telles personnes sont des proies idéales pour celles et ceux qui abusent de toute sensibilité, gentillesse, désir de perfection, désir d'être aimé, peur d'être rejeté ou de décevoir, et, en particulier, du sentiment de culpabilité, de la haine des conflits, en l'occurrence les principaux traits de caractère des hypersensibles. Trop dépendants du regard des autres, donc influençables, on peut obtenir d'eux toujours plus.

Ce qu'une personne hypersensible redoute le plus, ce sont les séparations. Ainsi, pour éviter une rupture, que ce soit dans le domaine familial, amical ou amoureux, celle-ci est prête à mettre entre parenthèses ses intérêts, à étouffer ses désirs, à accepter les exigences, voire les brimades de l'autre, partenaire, parent ou ami. C'est la raison pour laquelle, quand le vampire a créé un lien affectif avec une personne hypersensible, celle-ci a tant de mal à s'en libérer.

Écoutons Célia :

Je suis ce qu'on appelle une hypersensible. Longtemps je me suis étonnée de mon hyperémotivité et de la place qu'occupaient les sentiments des autres dans mon état émotionnel, jusqu'à ce que je sache me définir et mieux prendre de la hauteur sur mes ressentis. Les autres, je les sens. Comme si j'étais dans leur peau. Le bon côté, c'est que leur joie me réjouit, le mauvais, c'est que leur négativité m'afflige. D'ailleurs, j'aide beaucoup de personnes en les conseillant, car je me mets facilement à leur place. Je suis un peu médium, mais je ne mets en pratique mes dons que bénévolement. Je sens aussi autour de moi les suceurs d'énergie. En effet, certaines personnes, par leur simple présence à votre côté, semblent aspirer votre énergie. Elles ne le font pas avec tout le monde, je l'ai compris, mais elles profitent des gens comme moi, qui sont poreux aux émotions des autres. Elles me prennent mon énergie positive ou bien se délestent de leur énergie négative sur moi. Il suffit de passer quelques heures avec elles pour que je me sente assez rapidement fatiguée, démotivée, morne. Il arrive même qu'apparaissent sur moi des stigmates physiques : un teint très pâle, des maux de ventre ou de tête, des irritations cutanées ou des cernes.

Comme Célia, les personnes hypersensibles sont les hôtes et les proies idéales des vampires. Très ouvertes aux autres, leur personnalité n'est pas étanche aux circulations des champs émotionnels. Nous verrons plus loin comment se protéger d'une façon plus globale de ces voleurs d'énergie.

En attendant, il existe des techniques destinées particulièrement aux personnes hypersensibles afin de les protéger contre les tentatives d'absorption énergétiques des vampires. En voici quelques-unes :

– *L'ancrage*

C'est une technique pour se rendre plus stable et plus équilibré. Cela prend cinq minutes le matin. Assis confortablement, on inspire et on expire profondément tout en imaginant que nos pieds deviennent les racines d'un arbre et qu'elles s'enfoncent dans le sol. Ensuite, on marche pieds nus sur le sol quelque temps en prenant bien conscience de ses appuis.

– *La visualisation*

Il s'agit, idéalement, le matin, pendant quelques minutes, de s'imaginer enveloppé par une bulle de lumière protectrice. Elle ne coupe pas des autres, mais elle filtre les émotions que les autres nous adressent, laissant passer les positives et retenant celles qui peuvent nous porter préjudice. Cet exercice aide à se préparer à de possibles invasions par des vampires psychiques, à en prendre plus facilement conscience et à s'en prémunir en adoptant des réflexes d'isolation mentale.

– *La purification*

C'est une action psychique qui consiste à se débarrasser, après les avoir repérés, de pensées ou d'émois qui ne nous sont pas familiers et qui émanent d'une engeance externe, susceptible d'être en train de nous vampiriser. Un geste codifié symbolisera pour chacun le renvoi à l'extérieur de soi de ces états d'esprit tel le frottement de ses deux mains l'une contre l'autre comme pour chasser des saletés sur notre peau.

– *L'introspection*

Se sachant hypersensible, il importe de faire le point régulièrement par la pensée sur les situations durant lesquelles on a absorbé les énergies négatives d'autrui dans la journée précédente afin d'éviter de les reproduire ou de trouver des parades.

– *Le recueillement*

Pour vous détacher des émois des autres qui vous envahissent, apprenez à vous recueillir. Cela permet une déconnexion entre votre moi et vos émotions et de gagner en indifférence.

Se recueillir, c'est se réhabituer, reprendre contact avec soi-même, se détacher du vampirisme environnant, se recentrer, tandis que beaucoup des actions des autres, mais aussi de nos propres actions, nous coupent de nous-mêmes et écartent de notre esprit ces moments où l'on se sent exister, on l'on se sent être parce qu'on s'est mis à l'abri du faire et des autres. C'est se mettre à l'écoute de soi et retrouver le contact avec une parcelle d'éternité. Le recueillement permet aussi de se couper des sources de stress. Il existe d'autres activités qui, par des voies différentes, contribuent à apporter plus de paix intérieure. Citons la relaxation, les activités sportives, l'écoute musicale, les pratiques artistiques, la lecture, la contemplation d'œuvres d'art et toutes les activités qui permettent à notre esprit d'arrêter de se fixer sur nos préoccupations et, par la même occasion, de nous détacher des émotions des autres qui nous parasitent.

– *Bien s'entourer*

Hypersensibles, soignez votre entourage. Plus vous serez entourés de personnes positives, lumineuses, sereines qui vous transmettront des émois positifs, moins il y aura de place autour de vous pour ceux et celles qui cherchent à vous déposséder ou à déverser sur vous leurs ondes négatives.

– *Bouger*

Le propre d'une personne hypersensible est d'être concentrée sur son monde intérieur. Son mode d'être est l'introspection, sur soi-même et les autres puisqu'elle est dans l'empathie. C'est pourquoi il est utile de mobiliser son corps, d'être physiquement actif, afin de rééquilibrer l'ensemble de sa personnalité, afin de permettre à l'énergie négative emmagasinée d'être consumée dans l'action plutôt que de stagner à l'intérieur de soi et d'y créer des tensions. Une activité physique régulière permet aussi de sécréter des neuromédiateurs (notamment de l'endorphine) qui vont apaiser via le cerveau le ressenti émotionnel trop vif. Les activités physiques permettent un toilettage émotionnel.

Les aidants

Il existe une catégorie de personnes, dont vous faites peut-être partie, qui sont les victimes idéales des vampires. Il s'agit de ceux et celles que je nomme les aidants. Ne croyez pas qu'elles soient plus faibles ou plus fragiles que la moyenne de la population. C'est même souvent le contraire que l'on observe. Cependant, leur force, leur pouvoir, leur énergie, elles les mettent au service des autres. On les rencontre dans les professions de santé, de services d'aide à la personne, mais pas uniquement. Elles existent en effet dans tous les milieux. Les vampires expérimentés les repèrent vite et en font leur hôte ou leur proie de choix. En effet, les aidants et les aidantes vont accepter d'aider, de soutenir, de réconforter, de rendre plus fort le demandeur. Et plus encore celui ou celle qui ne demande pas, mais qui fait état ou étalage de ses manques, de ses difficultés ou de son mal-être. Car, par définition, il est plus difficile pour les aidants de refuser une aide ou de ne pas la proposer que d'y mettre fin.

Certains pourtant ne changeraient pour rien au monde, comme Stéphane :

J'ai tellement reçu dans la vie que je trouve normal d'aider les autres. Je n'attends rien en retour, leur mieux-être est ma plus grande récompense. Aider les autres, cela me procure de l'énergie. Leurs difficultés me rappellent combien j'ai de la chance. Je préfère être de mon côté que du leur.

Il arrive que d'autres aient des interrogations ou des moments de doute.

Dans mon groupe d'amies, je suis toujours celle qui rend service, témoigne Romane, 35 ans. *Je réalise en ce moment que si je fais tout pour tout le monde, je ne reçois pas grand-chose en retour. Et les rares fois où je demande à mon tour un service, je ne trouve pas dans mon entourage l'empressement que je mets à répondre aux demandes de chacune.*

Les motivations, conscientes ou inconscientes, des aidants varient, mais elles finissent par se rejoindre dans une forme de renoncement à soi et l'acceptation de nourrir les autres de sa propre énergie, même si, pour beaucoup d'entre eux, le soutien des autres est une source d'exaltation.

Marion a 28 ans. Elle est secrétaire de direction dans une entreprise d'import-export où elle ne compte pas ses heures. Sans enfants, elle est d'une générosité sans faille pour ses amies et son compagnon. Elle se préoccupe des autres avant elle-même et fait passer leurs besoins avant les siens. Enfant déjà, dans sa famille nombreuse, elle était la seule des quatre filles à aider toujours sa mère pour les tâches ménagères et ne s'en plaignait jamais. Pourtant elle confie : « J'avais le sentiment que j'étais la moins aimée. En y pensant, j'ai toujours craint de perdre l'amour des gens que j'aime. De me retrouver seule. »

Quelles sont les racines d'un tel comportement ? À un premier niveau, il s'agit d'un besoin de reconnaissance, d'être re-narcissisé, c'est-à-dire d'acquérir une meilleure estime de soi.

Il peut s'agir aussi chez l'aidant d'une quête masquée de pouvoir quand le don de soi accorde une importance sociale. Prendre en charge quelqu'un donne l'illusion qu'on le contrôle sans comprendre qu'on finit par être contrôlé soi-même par les besoins de l'autre. Cela apaise aussi sa propre peur de l'abandon.

Écoutons Juliette :

Mon besoin d'aider les autres au point de me sacrifier remonte certainement à ma petite enfance. Mes parents se sont séparés quand j'étais assez jeune, et mon père, qui buvait déjà, a vu son alcoolo-dépendance empirer. Adolescente, j'étais la seule des trois membres de ma fratrie à vouloir encore aller vivre en partie chez lui. Les rôles étaient parfois inversés. J'avais le rôle d'infirmière à ses côtés. Quand il est « parti », je n'avais pas

25 ans. J'ai toujours pensé ne pas avoir assez fait pour lui. Ce n'est pas par hasard si je me suis ensuite mise en couple avec des hommes mal en point, alcooliques ou dépressifs que je voulais guérir sans y parvenir. C'est une chose de faire le lien avec son histoire passée, c'en est une autre de le couper.

L'esprit de sacrifice qui anime les plus immodérés des aidants a parfois une dimension religieuse, voire mystique.

C'est le cas d'Anna qui a renoncé à une carrière dans les ressources humaines et a une vie de confort pour se consacrer au sein d'un mouvement chrétien à des aides éducatives auprès de familles démunies dans des pays en guerre au péril de sa vie. « C'est l'amour de Dieu et de mon prochain qui me guide. J'avais une vie égoïste, accordant la primauté à mes désirs personnels. L'amour véritable ne cherche pas ses propres intérêts. C'est à ceux qui en ont besoin que je veux consacrer mon temps, mes forces, mes capacités et mes ressources, confie-t-elle. *J'ai une cousine qui est entrée dans les ordres, mais, pour moi, il n'était pas question d'une vie austère ou ascétique. » Son modèle, elle ne le nie pas, est le Christ qui a « renoncé à ses avantages pour devenir humain et offrir sa vie en rançon ». Elle cite l'apôtre Paul : « Gardez en vous cette attitude mentale qui était aussi en Jésus-Christ[1]. » Anna a trouvé un sens à sa vie et considère avoir trouvé en son action une énergie qu'elle ne connaissait pas jusqu'à présent, une immense satisfaction, un bonheur. Ce faisant, elle reste attentive à son propre bien-être, grâce aux propos de l'apôtre Pierre qui, comprenant où l'abnégation de Jésus allait le conduire, lui dit : « Sois bon avec toi[2]. »*

1. Rom. 15 : 5.
2. Matthieu 16, 22.

Mais d'autres, tout aussi dévoués, ne trouvent pas une voie aussi porteuse, ne se sentent pas épanouis par leur sacrifice et sont les victimes d'abuseurs, de jouisseurs bénéficiaires d'un sacrifice qui aurait été plus utile ailleurs.

Une forme d'assujettissement aux besoins de l'autre se rencontre aussi chez certains aidants. Cela peut devenir paradoxalement une véritable dépendance. A minima ils ont besoin que l'autre ait besoin d'eux pour se sentir utiles, pour se sentir exister, ou pour se sentir le droit d'exister.

Je n'ai jamais eu une grande estime de moi-même. J'ai beaucoup moins bien réussi à l'école et professionnellement que mes deux autres frères. J'ai toujours été le vilain petit canard de la famille. Alors je me suis fait accepter en étant le plus serviable, analyse Paolo, 52 ans.

Cela peut être par identification à un parent, le plus souvent à la mère, sans doute, qui vivait au service de son enfant et qui n'avait pas d'autre sens à donner à son existence.

Ma mère a tout donné pour nous. Elle s'est saignée aux quatre veines, travaillant comme aide-soignante et faisant des ménages par ailleurs. Mon père est parti pour retourner au pays avec une autre quand nous étions jeunes. Grâce à ma mère, nous n'avons pas manqué de l'essentiel et surtout pas d'amour, raconte Chabane qui est toujours présent pour aider sa famille et son entourage et qui, avant chaque décision à prendre, se demande ce que sa mère défunte lui aurait conseillé de faire.

On peut retrouver chez les aidants un sentiment de dette.

J'ai tant reçu de mes parents, de ma famille ! Ce sentiment de dette, je l'ai par rapport à ma sœur aînée qui est décédée très jeune, livre, encore émue, Dounia. *J'ai pris conscience que je paie ma chance d'être là en m'occupant des autres.*

La place de l'aidant au sein d'une famille peut s'imposer à l'un de ses membres.

J'ai eu un frère cadet lourdement handicapé, se souvient Alexis. *Mon père travaillait beaucoup, ma sœur aînée se consacrait à ses études où elle rencontrait beaucoup de difficultés, et c'est moi qui devais m'occuper de lui quand ma mère ne le pouvait pas. Je ne me suis jamais plaint. Je n'en avais pas le droit au fond de moi. Celui qui souffrait, c'était mon frère ou ma mère. Moi j'ai toujours craint d'ajouter à sa fatigue ou à son chagrin. Si j'ai bien investi la scolarité avec le sens du devoir qui me caractérisait, j'ai mis de côté les loisirs et les relations avec les amis. J'ai été un adulte avant l'âge.*

Les enfants qui ont été très tôt « parentifiés », qui n'ont pas reçu la protection et l'affection indispensables ont inversé le mécanisme et, devenus adultes, ils donnent à autrui ce qu'ils auraient dû recevoir enfant, mais sont incapables de s'occuper de leur propre bien-être.

J'étais la psy de tout le monde comme je l'ai été, enfant, de ma mère qui était dépressive chronique, je croyais toujours devoir le temps que je donnais, déclare Tania.

Les aidants, trop gentils, finissent par savoir qu'ils le sont. On le leur dit suffisamment. Mais savent-ils que la gentillesse n'est pas leur seule qualité ? Il leur faut prendre conscience qu'ils ont d'autres qualités qui font qu'on apprécie leur compagnie.

Si c'est votre cas, sachez qu'il vous est possible également de diriger et de canaliser votre générosité vers d'autres que celui, celle ou ceux qui vous vampirisent. Notamment vers des associations, qu'il s'agisse d'aide aux malades, aux enfants (aide aux devoirs par exemple) ou aux personnes âgées, sur des temps à définir. Vous vous sentirez alors plus autorisé à mettre des limites aux demandes excessives d'autrui. Commencez à vous faire plaisir. À être gentil avec vous-même. Il est alors possible que vous y preniez goût et que la nécessité de votre bien-être devienne un premier facteur limitant les sollicitations excessives. Soyez aussi à l'écoute de vos émotions.

Mais il ne faudrait pas croire que les aidants soient tous portés par l'esprit de sacrifice, prisonniers d'un modèle parental ou otages d'une fonction conditionnée dans la petite enfance. Des personnes généreuses, j'allais dire naturellement généreuses, comme si justement il s'agissait de leur nature qui se serait exprimée, parfois précocement, à l'image de ces nouveau-nés qui offrent leur sourire et leur gazouillis sitôt leurs besoins élémentaires satisfaits. L'altruisme, la philanthropie, la gentillesse sont des qualités qui, certes, sont loin d'être partagées par tous (certains poussent leur altruisme à laisser les autres s'occuper d'autrui), mais que l'éducation actuelle cherche souvent à développer en y parvenant parfois.

Ce qui fait la grandeur de l'humain, c'est son altruisme, sa capacité à aider son prochain, sa bienveillance. La véritable gentillesse est dénuée d'attente de reconnaissance. Pourtant, cette reconnaissance, qui fait trop souvent défaut aux vampires psychiques, est un moteur de renouvellement énergétique qui compense, pour une grande part, la perte liée au don de soi. À noter que, habituellement, les personnes librement généreuses comprennent plus facilement que les aidants (prisonniers de leur histoire) qu'elles sont victimes de vampirisme.

VI

PETIT TRAITÉ DE DÉVAMPIRISATION

La croix du Christ dans les pays chrétiens, la lumière du jour ou encore les gousses d'ail étaient des armes pour lutter contre les ténébreux vampires à cape noire de la mythologie.

Aujourd'hui, sachez qu'être la victime d'un vampire psychique n'est plus une fatalité.

Il est donc possible de s'en protéger ou de s'en libérer et il existe tout un arsenal de comportements propices pour s'en prémunir et l'éloigner de votre vie.

Ne pas lui ouvrir la porte

« Porte fermée, le diable s'en va », dit un proverbe français, que l'on peut appliquer aux vampires.

La première étape est de ne pas le laisser entrer dans votre sphère intime. Un vampire ne peut entrer chez vous si vous ne l'avez pas invité. S'il vous vole votre énergie, c'est que vous le lui permettez, par naïveté, par peur, par désir de vous sentir utile ou de plaire, par besoin d'attention, par culpabilité, rejet de soi, ou encore par souffrance.

Pour cela, encore faut-il vous rendre compte que vous avez bien affaire à un vampire psychique. L'expérience devrait vous y aider, car souvent, en effet, on a bien plus d'expérience en ce domaine qu'on ne le croit, puisque les conduites de vampirisme commencent habituellement dès la petite enfance. Pourtant, on peut continuer à se faire avoir.

Certes, il faut d'autant plus se méfier d'eux qu'ils sont souvent, de prime abord, enchanteurs, attirants, amusants, attentionnés, originaux, séduisants ou paraissant vous comprendre. Mais la poudre aux yeux qu'ils vous envoient vous aveugle. Adoptez la règle de ne jamais prendre de décisions hâtives sans analyser la situation avec recul. Et quand une personne, une rencontre, une affaire vous semblent trop belles pour être vraies, c'est souvent qu'en effet elles le sont.

Il importe de rester ouvert aux autres pour faire de véritables rencontres et de ne pas se montrer méfiant a priori. La méfiance, si elle est mère de sûreté, est aussi la sagesse des faibles. En revanche, il peut être sage de vous méfier de vous-même si vous savez que vous avez tendance à vous enthousiasmer trop facilement face à de nouvelles propositions, à accorder votre confiance au premier venu et surtout à donner, à vous engager, comme à vous faire abuser aisément.

Parmi les aspects de vous-même contre lesquels il faut vous prémunir le plus fortement, il y a la suggestibilité. C'est la capacité à se faire influencer. C'est ce caractère malléable de certains qui fait d'eux des proies idéales. En effet, pour que vous leur ouvriez votre porte, certains vampires psychiques, à l'instar des vampires mythiques, usent de pouvoirs hypnotiques. Or plus on est suggestible, plus on risque de se faire hypnotiser avec facilité.

Ne pas se laisser hypnotiser

L'hypnose est un état psychologique particulier, caractérisé par le fonctionnement d'un individu à un niveau d'attention autre que l'état de conscience ordinaire. Cet état modifié de conscience est différent de celui produit par la relaxation ou la méditation. Il peut être profond comme léger, ainsi la transe hypnotique légère, celle que mettent en pratique beaucoup de vampires psychiques.

La technique est à la portée d'un certain nombre de personnes. L'hypnose n'est ni magique, ni surnaturelle. Et l'on peut se faire hypnotiser à son insu en dehors des foires et des cabinets de psychiatre. Les vampires qui utilisent l'hypnose ne l'ont souvent pas étudiée. Ils la pratiquent naturellement, d'instinct, peut-être aussi en ayant observé des membres de leur entourage en user. Leur pratique se rapproche de celle des hypnotiseurs de foire. Ils détournent votre attention en vous faisant vous concentrer sur vous-même. Ils vous désorientent, vous rendent confus, vous embrouillent afin de réduire vos repères et, surtout, votre sens critique, car c'est la meilleure arme contre les vampires. Les principales victimes de l'hypnose sont souvent ceux qui sont persuadés de ne pas pouvoir se faire hypnotiser.

Dans un premier temps, le vampire hypnotiseur va vous isoler pour vous rendre plus suggestible. Il a besoin d'avoir une relation exclusive, comme s'il allait partager avec vous des secrets. Il va repérer les désirs inavoués en vous pour mieux prendre le contrôle de la situation. Par ses paroles, il crée un monde imaginaire, un monde parallèle, dans lequel il vous conduit. C'est pour cela qu'il vous fait parler de vous. Il vous soumet ensuite deux choix qui n'en sont pas, car l'un d'eux est un choix impossible. Pour augmenter votre suggestibilité, vous rendre plus perméable, il utilise diverses techniques. Ce qui tranquillise nous rend peu suggestibles, tandis que ce qui nous interroge ou nous passionne augmente notre réceptivité. L'ennemi de la suggestibilité est l'introspection, le dialogue intérieur. C'est pourquoi le vampire tente de l'interrompre et, pour cela, utilise son atout majeur : le changement. Changement de rythme de la voix, de ton, pour accroître l'attention. Puis il va créer un pont émotionnel en abordant un domaine qui vous passionne. Enfin, il va créer avec vous un lien personnel. La qualité de la relation est essentielle.

Il va repérer à quels codes vous êtes sensible et réceptif(ve) : une façon de parler, de regarder, une manière d'être. Il va alors vous envoyer un message inconscient qui signifie : « Nous sommes pareils, nous pensons de la même façon. » Il ne va pas vous singer, il adopte une attitude similaire pour se synchroniser à vous.

Pour savoir si vous êtes en train de vous faire hypnotiser, repérez les éléments suivants : Vous ne vous conduisez pas avec cette personne comme vous vous conduisez habituellement avec un inconnu. Si vous deviez juger la personne après cette rencontre, vous utiliseriez des qualificatifs que vous n'utilisez pas habituellement et, en particulier, au lieu d'une analyse objective, vous usez de superlatifs négatifs ou positifs. Vous vous sentez d'emblée très proche de lui ou d'elle, avec le sentiment de vous être déjà rencontrés, en tout cas avec l'impression qu'il ou elle est capable de lire dans vos pensées. Vous vous sentez un peu confus(e). Si vous deviez détailler avec recul comment s'est déroulée la rencontre, vous ne trouveriez pas bien vos mots, vous seriez imprécis(e), car ce sont surtout des sensations et des émotions qui occupent alors votre souvenir. Finalement, vous n'avez pas d'informations vraiment objectives à donner sur cette personne.

Une fois que vous comprenez que vous avez été victime d'un hypnotiseur, admettez-le. Puis, faites la lumière. Analysez ses motivations mais aussi les vôtres à vous être ainsi laissé(e) prendre.

Le dévoiler au grand jour

Dans tous les mythes consacrés aux vampires, on voit que seule l'obscurité trouve grâce à leurs yeux. Les vampires craignent comme la peste la lumière du jour. Mais il faut également mettre au jour les vampires psychiques pour les combattre. D'abord, savoir les repérer. Soit avant qu'ils opèrent sur vous en les observant agir avec d'autres ou dès qu'ils commencent à s'intéresser à vous. Enfin, sachez qu'il n'est jamais trop tard pour prendre conscience de sa vampirisation et révéler au grand jour un vampirisme ancien.

Regardez autour de vous, vous constaterez que le vampirisme psychique est très présent. La lumière doit venir de votre regard si elle fait défaut autour de vous. Il faut aussi informer les abuseurs que vous n'êtes plus dupe. Les mettre face à un miroir, même s'ils refusent, afin qu'ils y voient (ou pas) leur reflet. Faites-le sans émotion, sans stress ni colère, sans vous énerver. Restez très calme en leur disant leurs quatre vérités. Comme on le sait, la vérité, comme la lumière, aveugle. Sachez qu'il vous sera très difficile de faire admettre à un vampire psychique qu'il n'a pas joué franc-jeu avec vous. Il tentera d'inverser les rôles pour affirmer que c'est votre faute, que vous avez mal compris ou encore que c'est la faute d'un autre. Il ne cesse de construire des mondes parallèles et on peut se demander s'il ne finit pas par y vivre réellement.

Mais il s'agit aussi de dénoncer. Décrypter avec votre entourage, vos proches, le public qui a été témoin de son comportement. Dans le cadre professionnel, comme on l'a vu, il faut aller à la rencontre d'une personne plus influente ou qui n'est pas subordonnée au vampire (membre d'un syndicat, médecin du travail, responsable des ressources humaines) pour lui exposer la situation, preuves à l'appui, et dans le but d'obtenir son soutien. Dans le cadre amical, on cherchera l'appui des amis en commun. Dans le cadre familial, ce sont davantage les membres éloignés de la famille, les moins impliqués dans le système, qui se révèlent les meilleurs alliés, en sachant évidemment que les amis doivent fournir le principal appui.

Ne vous laissez pas toucher

Le regard n'est pas la seule arme de persuasion du vampire. Il utilise aussi le contact physique, qui peut se révéler plus puissant encore.

Ici, le verbe toucher n'est pas à prendre au sens d'émouvoir, susciter des sentiments d'affection, de sympathie (encore que le même conseil vaut pour cette signification, comme on l'a vu), mais bien au sens de contact direct, physique, établi par le vampire avec une partie de votre corps, par exemple votre main ou votre épaule. C'est en effet grâce au toucher que le vampire psychique peut chercher à s'ancrer avec vous, créant un sentiment de proximité et de protection à votre égard. Il va poser la main sur votre épaule, votre bras, mais surtout sur votre avant-bras, légèrement, brièvement, sans être un mouvement trop furtif (deux à trois secondes). Ce geste est accompli sans vous regarder dans les yeux, afin de ne pas créer chez vous un sentiment de crainte, de supériorité ou d'agression. Il le fait, mais retrouve ensuite une distance raisonnable avec vous afin de ne pas envahir votre bulle intime (au-delà de cinquante centimètres). La relation interpersonnelle que cela provoque double ses chances d'être apprécié par vous, de modifier votre jugement, de changer votre perception du sujet, d'inspirer davantage confiance afin que vous acceptiez sa requête.

Ces techniques ont montré leur efficacité selon des études scientifiques. Ce n'est pas un hasard si les hommes politiques en campagne serrent le plus de mains possible et sont aussi prodigues en accolades qu'en promesses. Ils cherchent à créer de la bienveillance vis-à-vis de leurs sympathisants. Parmi les expériences les plus connues qui démontrent ce pouvoir du contact physique, il y a celle de la petite monnaie. Elle consiste à demander une petite pièce aux passants dans la rue et d'évaluer le taux d'acceptation comme de refus. Or l'étude montre que si le demandeur touche l'avant-bras du passant, ses chances de recevoir une petite pièce passent de 28 à 48 %. Il a aussi été démontré que, dans les commerces, les personnes ayant été touchées par la vendeuse ou le vendeur trouvaient le magasin plus agréable, les employés plus compétents et achetaient plus volontiers. De la même façon, lorsque le vampire vous touche, cela vous renvoie au temps où l'amour parental passait par le toucher. Le vampire qui vous touche le bras ou l'épaule, surtout si vous êtes en manque de démonstrations physiques, voire d'affection, va ainsi vous relier subrepticement à lui.

Pourtant, être touché par un inconnu peut tout aussi bien susciter en vous un sentiment de rejet, car vous n'acceptez pas n'importe qui dans votre sphère intime. Cela dépend de la personne qui vous touche, du moment et de la façon dont cela se passe. Le vampire va donc vous toucher avec précision, l'avant-bras, comme l'enfant qui demande une faveur à sa mère ou à son père. Ses paroles iront de pair avec ce contact qui va éveiller votre mémoire affective. Vous serez alors plus en confiance avec lui, plus à l'aise, de meilleure humeur, moins stressé également, et ainsi vous serez dans un état plus propice à vous faire vampiriser. Aussi, songez à garder vos distances. Quelqu'un qui n'est pas un familier n'a pas à se tenir à moins d'un mètre de vous. S'il est trop près ou qu'il vous touche de la manière précédemment décrite, vous pouvez vous demander s'il ne cherche pas à vous influencer. Bref, ne vous laissez pas toucher par n'importe qui.

Attention aux belles promesses ou à la flatterie excessive

Certains vampires flattent comme ils respirent. Ils utilisent le compliment comme une caresse ou un baiser[1] pour vous amadouer et vous rendre plus tendre avant de vous mordre. Et ils font bien, car, comme l'écrivait Plaute deux siècles avant Jésus-Christ, on préfère un compliment menteur à une critique sincère. C'est un moyen de vous revitaliser, à l'instar de Mark Twain, qui, dans son *Art de mentir*[2], écrivait pouvoir vivre deux mois avec un compliment avant de se dévitaliser. On n'attrape pas les mouches avec du vinaigre, et certains vampires l'ont si bien compris qu'ils cultivent l'art du compliment pour s'attacher leur proie. On aime faire coïncider l'image que les autres ont de nous avec celle que l'on a de soi-même. Et si le vampire loue notre générosité, notre dévouement,

1. « Un compliment vaut un baiser », *in* Alfred de Musset, *On ne badine pas avec l'amour.*

2. Mark Twain, *L'Art de mentir*, Éditions de l'Herne, 2012.

notre altruisme, notre capacité à aider l'autre, on aura tendance à se conformer à cet étiquetage positif et à se conduire comme si l'on était réellement ainsi. C'est d'ailleurs plutôt heureux, et on devrait en tenir davantage compte en éduquant son enfant. Il est en effet préférable de lui donner une image positive de lui, de l'encourager à poursuivre dans ses bons comportements, plutôt que de le désigner comme insolent, maladroit ou nul à l'école. En louant ses vertus à quelqu'un qui n'en possède pas assez, on concourt au fait qu'il puisse les acquérir ou du moins qu'il se conduise comme s'il les avait.

Cependant, on devine bien que les vampires qui utilisent ainsi les compliments le font uniquement pour que vous vous montriez bien disposé à leur égard et particulièrement généreux avec eux, ou bien à l'écoute et sensible à leurs difficultés. Ils sont comme le loup du Petit Chaperon rouge, ils ne vous complimentent que pour mieux vous croquer. Chacun de nous se trouve sans défense devant la flatterie. Bien sûr, il arrive que l'on trouve des gens trop mielleux, trop « lourds » et que l'on s'en moque dans son for intérieur ou que l'on s'en méfie. Mais alors, ce n'est que la manière de flatter que l'on rejette et non les flatteries. Cet effet des compliments et des flatteries est d'autant plus important que vous manquez de confiance en vous ou, a contrario, que vous souffrez d'un excès d'amour-propre (qui est le plus souvent une formation réactionnelle à un déficit de confiance en soi). On n'en a pas besoin pour se sentir exister quand on sait ce que l'on vaut, à l'instar des chiens de garde qui n'ont que faire des cajoleries pour assurer leur rôle. Balzac, dans sa *Comédie humaine*, notait déjà que, et cela semble avoir été écrit pour les vampires, la flatterie n'émanait que « des petits esprits qui réussissent à rapetisser encore pour mieux entrer dans la sphère vitale de la personne autour de laquelle ils gravitent ».

Mettez des limites à votre patience

Si le vampire, que vous ne suspectez pas encore de l'être, vous demande des conseils ou de l'aide, vous pouvez, bien entendu, lui rendre service, le réconforter, lui offrir des solutions. En revanche, si vous sentez que toutes ces formes de soutien ne portent aucunement leurs fruits, que vos conseils semblent glisser sur lui comme l'eau sur les plumes d'un canard, que les services que vous lui rendez sont absorbés comme la vague sur le sable sans servir aucunement d'appui et ne semblent jamais suffire, si vos solutions ne sont pas mises en œuvre pour régler durablement ses difficultés, ce sont autant de signaux qui indiquent que vous êtes bien en présence d'un vampire psychique et qu'il faut interrompre toute aide ou tout secours. Savoir s'arrêter à temps permet de reprendre son souffle, mais aussi de rester debout et de vous rendre disponible pour venir en aide à d'autres qui, eux, sauront tirer véritablement profit de votre attitude pour se reconstituer, gagner en autonomie et, secondairement, venir à leur tour en aide à d'autres.

Certes, il n'est pas toujours simple de s'échapper. On est parfois tétanisé par son vampire. On sent bien qu'on perd de l'énergie à son contact, et tout se passe comme si on n'avait pas la force de se défendre. D'autant que le vampire peut aussi se montrer très séduisant, on l'a vu. Cette dimension, on le constate, est bien présente dans la mythologie contemporaine des vampires. Fini l'horrible Nosferatu ! Place aux beaux vampires d'*Entretien avec un vampire*, de *Twilight*[1] ou de *Vampire Diaries*[2]. Dans la réalité, la séduction des vampires psychiques n'est pas seulement physique. Elle est aussi intellectuelle, morale, incluant sourires, compliments, attentions et marques d'intérêt. C'est la raison pour laquelle, si on se sent vampirisé, il ne faut pas laisser la situation s'installer et ne pas attendre d'être trop fatigué, vidé. Il faut réagir vite. Cela n'interdit pas d'analyser la situation pour s'assurer qu'on est bien victime et repérer précisément ce qui n'est pas acceptable.

Bien sûr, il existe des vampirismes transitoires, mais, pour ce qui est des vampires installés, il serait faux de croire que le temps va tout arranger. Non, le temps ne suffit pas à tout mettre en lumière. Il est bien sûr possible que le vampire trouve un hôte ou une autre proie ailleurs ou qu'il doive s'éloigner de vous (mutation professionnelle ou déménagement), encore que l'on puisse être vampirisé à distance, mais, dans les autres cas, il n'y a aucune raison pour que cela cesse si vous n'y mettez pas le holà. L'autre leurre serait de

1. Saga romanesque de Stephenie Meyer publié entre 2005 et 2008, Hachette Jeunesse et Le Livre de Poche, suivie par l'adaptation cinématographique.

2. Série télévisée américaine, inspirée d'une série de livres de L. J. Smith, *Le Journal d'un vampire*, Hachette Jeunesse, 2009-2014.

croire que le vampire va changer spontanément ou à votre contact. C'est un pari risqué et trop souvent voué à l'échec. Tout comme d'imaginer que le vampire vous rendra ce qu'il vous a pris. Par définition, on l'a vu, le vampire prend sans donner en retour.

N'oubliez pas que la meilleure personne qui puisse vous aider à vous protéger d'un vampire, c'est vous ! Alors, laissez-lui le moins d'espace possible.

Trouvez la motivation

Une fois que vous avez pris conscience que vous êtes bel et bien victime d'un vampire psychique, il faut puiser en vous la motivation pour trouver les moyens et la force de vous libérer de cette emprise.

La motivation paraît évidente. Aucune personne censée ne devrait accepter d'être la victime d'une autre. Et pourtant, il existe des résistances à l'intention de mettre un terme au vampirisme dont on est victime. Ou plutôt, il existe des bénéfices secondaires à être vampirisé. Le premier d'entre eux est d'avoir trouvé un sens à son existence. En effet, en dépendant de quelqu'un ou en ayant quelqu'un dépendant de vous, vous avez l'illusion que vous n'êtes pas seul et que vous êtes utile, voire, mieux, indispensable à autrui (y compris à celui ou à celle dont vous dépendez). C'est pourquoi il importe que vous décidiez par vous-même de renoncer à cet état et non simplement pour répondre aux conseils ou aux attentes de vos proches. Afin que l'opération de détachement soit efficace, il faut que vous soyez au cœur de la prise de décision, que ce soit vraiment vous qui choisissiez de changer le cours des choses. Bien sûr, le fait de se sentir soutenu dans ce projet par un soignant, un réseau amical ou un environnement familial augmente vos chances de réussite, donc rien ne vous empêche de vous faire aider.

Il faut décupler votre motivation, car il est indispensable de trouver des raisons positives à cette libération : être fier de soi, avoir une meilleure santé, faire enfin des choses pour vous-même, retrouver du temps et de l'énergie, récupérer une force vitale, se consacrer à d'autres centres d'intérêt, etc. Et pour que la motivation ne perde pas son élan, fixez-vous un objectif atteignable. Rompre totalement avec la personne qui vous vampirise est peut-être trop difficile à anticiper pour vous. Dans ce cas, contentez-vous de prendre progressivement vos distances. En revanche, il est aussi nécessaire de définir une méthode et le moment propice pour la mettre en application. La préparation mentale est la première étape. Vous devez visualiser votre objectif, c'est-à-dire vous imaginer détaché de la personne qui abuse de vous. Vous devez également visualiser ce que vous pourriez répondre ou comment vous pourriez réagir face aux tentatives répétées de ses « morsures ». Soyez à l'écoute de vos émotions pour mieux les repérer et mieux les contrôler. Il peut s'agir, par exemple, d'un sentiment de pitié ressenti face à un vampire victime ; ou encore de la peur ou de la culpabilité face à une mère vampire culpabilisatrice. Ces émois doivent être tenus à distance et contrebalancés par le développement de l'amour de soi, du courage ou de la détermination.

Se détacher d'un vampire implique également de pouvoir changer de mode de vie tant le vampire peut occuper beaucoup de place dans votre existence. Il s'agira donc de remplacer certaines habitudes, celles liées au vampire, par d'autres occupations qui n'auront plus rien à voir avec lui. Ces dimanches que vous passiez chez votre mère ou ces appels quotidiens à votre sœur devront être remplacés par des activités qui vous seront profitables en priorité et qui pourront ainsi devenir habituelles. Si certains évoquent une sensation de libération à la suite d'un déclic, c'est, généralement, de façon progressive que le processus de dévampirisation est réalisable. Il ne faut surtout pas se décourager.

Pourtant, il arrive que des mesures plus radicales que celles prévues au départ doivent être prises. Dans un couple, si le vampire refuse de renoncer à son avidité, on peut décider de se séparer sans opérer aucune transition.

L'art de parler avec un vampire

Pour se mettre à l'abri des vampires, il faut savoir comment leur parler. Le mieux est d'être le plus clair et le plus précis possible. Sinon, ils peuvent très bien profiter du flou de vos propos pour prétendre ne pas avoir bien compris ce que vous voulez, poursuivre leur conduite ou encore retourner la situation à leur bénéfice. Le vampire se sert des zones d'ombre de votre communication pour continuer à profiter de vous et ainsi ne pas renoncer à ses comportements néfastes. Quand vous vous adressez à lui, ne laissez aucune place à plusieurs interprétations possibles. Quand vous lui posez des questions, elles doivent être « fermées », c'est-à-dire que le vampire ne pourra répondre que par oui ou par non. Sa tendance naturelle pour ne pas être remis en question est de donner des réponses vagues, imprécises, générales ou de changer de sujet. Par ailleurs, ne laissez pas le vampire affouiller votre psyché par des allégations, des arrière-pensées ou de perfides allusions. Répétés, ces sous-entendus, ces sarcasmes minent votre moral tout en soulageant le vampire de sa propre agressivité, ce qui le revigore à vos dépens. Et, dans une moindre mesure, il peut le faire aussi dans le but de vous affaiblir et ainsi tirer plus aisément profit de vous. Aussi ne laissez pas s'installer ses allusions assassines sans réagir. Relevez-les systématiquement, et demandez avec sérieux si, avec ses sous-entendus, il veut dire ceci ou cela. Il est probable alors qu'il réponde avoir voulu plaisanter, vous reprochant éventuellement de n'avoir aucun humour ou bien simplement qu'il nie. Dans ce dernier cas, dites avec une fausse naïveté que vous êtes soulagé de sa réponse. Enfin, quand votre vampire formule des demandes ou donne des réponses qui paraissent brumeuses ou à double sens, prenez l'habitude de les reformuler (en disant par exemple : « Donc tu veux dire que... ») afin d'épurer le message et de ne pas lui laisser le champ libre. Ne lâchez rien.

N'ayez pas peur !

Cette expression, *N'ayez pas peur !,* fait écho à un mandement que l'on retrouve à de nombreuses reprises dans la Bible et qui est attribué à Jésus de Nazareth, notamment dans les Évangiles de Matthieu et de Jean. Elle fait encore sens de nos jours et mérite que nous nous l'appliquions à nous-mêmes quand nous sommes confrontés à certains vampires. En effet, le vampire peut exercer la peur, arme primitive mais redoutable, afin de mieux abuser de vous. On l'a vu, ceux-là ne sont pas majoritaires parmi les vampires psychiques qui, le plus souvent, se présentent en victimes, mais ils sont, en revanche, les plus caractéristiques dans les représentations traditionnelles.

De Dracula à Nosferatu, les vampires de la littérature sont décrits comme puissants, menaçants et effrayants. C'est par soumission et par aveu de faiblesse que la victime les laisse abuser d'elle. Il arrive que le vampire psychique se conduise comme un oppresseur, un tyran. Les situations de domination avec menace, les abus de faiblesse existent malheureusement, et font par exemple le malheur de personnes âgées ou handicapées, mais aussi de toutes celles qui sont durablement ou transitoirement diminuées intellectuellement, physiquement, psychologiquement ou affectivement. Plus subtilement, le vampire va utiliser la peur, votre peur, mais avec l'objectif de vous soulager. Une fois venu le soulagement après une peur qui s'est révélée non justifiée, vous aurez baissé vos défenses, et le vampire pourra ainsi plus facilement abuser de vous.

Écoutons la façon dont Valérie s'est fait vampiriser par sa fille :

Valérie est une femme qui ne se laisse plus aujourd'hui autant faire par ses amies que par le passé. Elle a été longtemps la bonne copine en surpoids qui rendait service à chaque demande. Si, désormais, elle sait dire non, ce n'est pas le cas avec sa fille. Celle-ci, lycéenne, menace régulièrement d'arrêter sa scolarité, de se lancer dans le cinéma plutôt que faire des études de médecine, comme le rêve sa mère, ou encore affirme qu'elle est tentée par le cannabis ou d'autres drogues, et, devant l'affolement de sa mère, finit par la rassurer en lui disant qu'elle ne pensait pas ce qu'elle disait. C'est alors qu'elle profite de la réceptivité de sa mère, de son soulagement, ce moment de décompression après le stress, pour faire une demande excessive qu'elle n'aurait pas faite en temps normal, comme d'aller en boîte toute la nuit et obtenir son accord.

Un autre exemple de cette technique, mais employée dans le cadre professionnel :

Un collègue vampire dit à son collaborateur : « Le patron est passé lorsque tu étais sorti et a demandé où tu étais. Ne t'inquiète pas, j'ai donné une bonne excuse. Au fait, tu pourrais me couvrir à ton tour ? J'aimerais rentrer chez moi plus tôt demain. »

Des chercheurs ont d'ailleurs démontré par différentes expériences cet impact du soulagement, qui rend une personne plus conciliante[1] après une frayeur. Dans l'une d'elles, les expérimentateurs observent des piétons traverser une rue en dehors des passages autorisés. Ils laissent certains piétons traverser sans se manifester, mais ils en rappellent d'autres à l'ordre par un coup de sifflet. Ces derniers rappelés à l'ordre sont ensuite soulagés de constater que les « siffleurs » ne sont pas des policiers. Peu après, ces différents piétons sont sollicités pour faire un don. Il se trouve que les personnes qui ont été inquiétées puis soulagées sont deux fois plus nombreuses à donner de l'argent. Les chercheurs notent que les cycles répétés de soulagement après une peur peuvent être émotionnellement épuisants. Cette technique est d'ailleurs utilisée dans les interrogatoires policiers : un « gentil flic » puis un « méchant flic ». Quand la personne se croit sortie d'une situation effrayante, elle se détend et dépose les armes, rendant la prochaine vague plus terrifiante, car, au fil de ces changements d'atmosphère, elle devient de moins en moins apte à se défendre.

Désormais, vous saurez repérer les circonstances si ce genre de situations se présente à vous, et ainsi vous risquerez moins de vous faire duper par un éventuel vampire usant de ces techniques de manipulation, surtout si elles ont tendance à se renouveler. Mais, bien plus souvent, quand les vampires psychiques utilisent nos peurs, ils le font sans se montrer forcément terrifiants ou

1. D. Dolinski et R. Nawrat, « Fear-then-relief procedure for producing compliance: Beware when the danger is over », *Journal of Experimental Social Psychology*, 34, 1, 27-50.

intimidants. Ils se contentent de profiter de nos craintes. Ainsi, un parent qui a peur d'être jugé par ses enfants se laissera possiblement vampiriser par eux si ceux-ci ont cette inclination et ont découvert la faille (et, réciproquement, les enfants devenus adultes qui se laissent vampiriser par un parent par crainte de désamour). Un employé se fera vampiriser par son patron si cet employé a peur de passer pour incompétent, fumiste ou, pis encore, d'être licencié. Et, réciproquement, si le patron a peur que son employé se mette en arrêt maladie ou qu'il l'attaque aux prudhommes.

La peur de se retrouver seul, d'être abandonné peut pousser à accepter d'être vampirisé par une personne de son entourage. Ainsi, la peur de casser leur image fera que des personnages publics cèdent aux demandes excessives de profiteurs. Nos peurs sont des points d'ancrage que l'on tend à toutes sortes de vampires psychiques. Retirez la peur, et la prise disparaît.

Bien entendu, dans un premier temps, il faut identifier sa peur avant de lui faire face, la regarder comme un objet de curiosité, tout en refusant de se soumettre à elle. On peut également se donner les outils pour cela, en travaillant à renforcer sa confiance en soi.

Se prémunir contre la pitié

En attendant, pour vous défaire d'un vampire ou pour éviter de tomber sous la coupe de l'un d'eux, cessez de vous prendre pour Mère Teresa ou Superman. Avec les vampires, il faut éviter de jouer les sauveurs. Vous vous sentez utile, voire indispensable en aidant un vampire psychique à se nourrir. Pourtant, vous vous leurrez si vous croyez qu'il s'arrêtera une fois repu. Il vous gardera sous le coude pour ses futurs besoins, quitte à vous boire sans soif. En cédant, vous éteignez les colères, les plaintes ou les critiques, mais cela ne dure pas. Chaque fois que vous cédez, vous lui donnez un peu plus de pouvoir et vous perdez un peu plus de votre espace de liberté en prenant le risque de finir exsangue. Ne croyez pas qu'il changera. L'espoir fait vivre, mais l'espérance n'est-elle pas une vertu d'esclave ? Et ne vivre que d'espoir peut nous faire mourir de faim. Alors, cessez de lui trouver des excuses : son enfance, ses difficultés scolaires, sa sensibilité. « Il n'a pas conscience du mal qu'il me fait », me disait la victime de l'un d'eux. Peut-être, mais, en attendant, vous ne faites que renforcer son emprise sur vous.

Pour se prémunir contre la pitié, retenez avant tout qu'avoir pitié d'un vampire psychique, c'est être sans pitié pour soi-même. En effet, le pouvoir du vampire psychique sur vous repose en partie sur la pitié que vous ressentez à son égard, sur ce sentiment de culpabilité inhérent à votre personnalité, sur cette âme de sauveur qui est déterminante dans vos choix.

Le vampire psychique adore jouer les victimes. Si vous éprouvez de la pitié à son encontre, car il est difficile d'assécher ses émotions, il faut alors tout simplement la rejeter. C'est un piège dont ces vampires usent à loisir. D'ailleurs, la pitié, plus que tout autre sentiment, est une émotion cultivée ;

en effet, ce sont les enfants qui en ont le moins[1]. Ou bien, avec les vampires les plus menaçants, adoptez la pitié d'un bourreau qui consiste à frapper d'un coup sûr. D'autant plus que le manque et le malheur des vampires psychiques ne sont pas de ceux qu'on peut soulager. Aussi, préférez l'amabilité à la pitié. Il ne s'agit pas pour autant de devenir indifférent à la souffrance des autres. Mais de ne pas éprouver d'emblée, et avec tout le monde, ce que les bouddhistes nomment « la grande compassion », à savoir considérer l'autre comme plus important que soi-même et consistant, en toute situation, à prendre la perte pour soi et à offrir le gain à autrui. La compassion pour les vampires, c'est de la confiture donnée aux cochons : « Ne jetez pas vos perles aux porcs, de peur qu'ils ne les piétinent et que, se retournant, ils ne vous déchirent[2] », peut-on lire dans le Nouveau Testament...

Donner, mais à bon escient

On peut faire un don de sang sans pour autant accepter de finir totalement anémié. Il n'est pas interdit d'aider un de vos proches qui se trouve être un ou une voleur(se) d'énergie, mais à la condition que cela se passe de manière maîtrisée, raisonnée, qui ne vous porte pas préjudice. Car, à trop donner, on finit par ne plus s'appartenir. À la condition également qu'il soit envisagé que cet individu à tendance vampirique travaille sur

1. Thomas Wolfe, *La Toile et le roc*, L'Âge d'homme, 1984.
2. Matthieu 7, 6.

lui-même, dans l'idée de parvenir à une relation plus équilibrée avec vous et autrui, donc à condition que son état ne soit pas irrécupérable. Prêtez surtout attention à ce que sa demande d'aide, si demande il y a, ne soit pas un énième stratagème pour vous vampiriser toujours plus.

Par ailleurs, ne vous laissez pas déborder par la volupté du don, quelle qu'en soit la nature. Et, surtout, si vous avez eu une éducation qui valorise cette qualité pouvant aller jusqu'à la jouissance – depuis saint Luc qui nous affirme qu'il y a plus de bonheur à donner qu'à recevoir, jusqu'à l'abbé Pierre pour qui on n'est jamais plus heureux que dans le bonheur de donner[1]. Malheureusement, un seul être suffit à vous perdre quand on a une propension à tout donner.

De manière plus générale, il est préférable de donner raisonnablement, équitablement, plutôt que de donner beaucoup. Une autre exigence dans le don de soi, protectrice, mais également salutaire pour autrui, tient aussi au contenu de ce que l'on donne, comme à la manière de le donner. Ainsi donner peut passer par l'éducation, qui s'adresse a priori aux plus jeunes, mais finalement aux gens de tout âge. Éduquer, transmettre, c'est ouvrir l'appétit, donner quelques pistes. On connaît aussi le désormais fameux conseil attribué à Confucius, mais qui reste d'actualité pour qui veut donner sans s'abîmer : « Quand un homme a faim, mieux vaut lui apprendre à pêcher que de lui donner un poisson. » Et seuls les vampires psychiques qui ont la volonté de guérir accepteront d'apprendre.

1. *Servir, op. cit.*

Ne vous aimez pas moins que les autres

Cela fait des mois, des années que vous essayez de motiver votre vampire, de le bousculer, de lui faire prendre conscience que son comportement est nuisible à votre égard, pour votre relation, pour la famille, éventuellement pour l'entreprise, mais, surtout, pour lui-même. Même si vos actions sont vaines, vous vous sentez altruiste, sinon utile. Vous avez le beau rôle et cela renforce votre estime de vous défaillante. Pourtant, vous vous aveuglez, car, plutôt que piétiner, votre devoir serait d'aller de l'avant, de cesser toute relation ou du moins de poser des limites à votre vampire parasite. Mais il ne vous entend pas et ne vous entendra pas, il est de mauvaise foi, fait de fausses promesses pour échouer systématiquement, car ses batteries ne se rechargent que par ce que vous faites pour lui. N'hésitez pas à renoncer, vous serez plus utile à vous-même ou à d'autres, qui, sans vous vampiriser, sauront profiter pleinement de votre soutien.

Le côté positif des vampires, c'est qu'ils nous prouvent que nous avons des ressources, puisqu'ils ne cessent de s'en nourrir. Or, on l'a vu, plus l'on manque de confiance en soi, plus il est aisé pour un vampire d'abuser de nous. Il est donc urgent de regagner de la confiance pour ne pas être à la merci du premier vampire venu.

Regonfler son estime de soi est donc le préalable pour résister aux emprises de toutes sortes et notamment de celles du vampire psychique. Apprenez à reconnaître vos talents ou vos potentialités qui n'attendent qu'à être développées. Remémorez-vous toutes les appréciations positives que vous avez pu recevoir ces derniers mois ou ces dernières années au milieu des reproches et des critiques excessives qui ont perturbé la construction de votre estime de vous. Tolérez vos mouvements d'humeur. Apprivoisez vos émotions et repérez celles qui viennent de vous ou d'autrui. Cessez de vous en vouloir. Apprenez de vos erreurs pour ne pas les répéter. Analysez vos réactions, vos comportements et vos propos. Comprenez ce qui vous a fait réagir émotionnellement de telle ou telle manière. Ne vous croyez pas égoïste si vous pensez à vous, si vous prenez soin de vous. Soyez attentif à vous-même. Faites-vous du bien. Mettez de la distance vis-à-vis de ceux qui vous culpabilisent en permanence. Accordez-vous des moments de pause ou de vrai repos. Soyez moins exigeant avec vous-même, moins perfectionniste. Faites-vous des démonstrations de tendresse et valorisez-vous.

Apprendre à se faire respecter

Oser se faire respecter est un bon préalable pour éviter de se faire vampiriser et pour réduire l'intensité et la fréquence des conduites abusives d'autrui. Se faire respecter, c'est refuser de se faire traiter en objet, et attendre que l'autre se conduise avec vous avec respect et retenue. Exiger du respect, ce n'est pas exiger de l'amour, le respect est un préalable, les règles traditionnelles de la guerre ne nous invitaient-elles pas à respecter notre ennemi, ne serait-ce que pour son courage ?

Pour vous faire respecter, il est utile que vous compreniez pourquoi vous avez du mal à vous faire respecter. Faites un tour dans votre enfance pour repérer des pistes explicatives et emprunter une voie nouvelle. Vos parents, qui étaient vos modèles, avaient-ils du mal à se faire respecter ? Enfant, avez-vous été habitué à ne pas compter pour votre famille ? Avez-vous été victime dans l'enfance ou l'adolescence de conduites irrespectueuses, de harcèlement ou d'agression sexuelle ? Faites également un tour dans le champ de vos affects et de votre personnalité : craignez-vous les conflits ? Portez-vous un sentiment ancien de culpabilité ? Avez-vous peur, si vous deviez vous faire respecter, de devenir trop violent et brutal ? Avez-vous un complexe de classe sociale ou de niveau d'études ? Un complexe physique ? Les personnes qui ont du mal à se faire respecter sont aussi des personnes qui souffrent de solitude ou qui n'ont pas l'entourage qu'elles méritent. Ce sont aussi des personnes déprimées, quelles qu'en soient les raisons, ou des personnes qui ne savent pas très bien qui elles sont vraiment, ce qui est souvent le cas à l'adolescence, mais cela peut perdurer une fois adulte quand elles ne sont pas au clair avec leur vraie personnalité, que celle-ci soit refoulée ou masquée par une apparence construite dans le but, par exemple, de plaire à l'entourage familial.

Trouver des remèdes à ces causes vous aidera à vous rendre plus respectable à vous-même. Vous pouvez par ailleurs travailler sur votre apparence, que ce soit votre aspect physique, mais aussi votre tenue vestimentaire et vos attitudes corporelles. La tenue influe sur le mental. Le vôtre et celui de votre entourage qui vous respectera d'autant plus que vous paraissez assuré. Si vos parents n'étaient pas de bons modèles, recherchez autour de vous d'autres modèles respectés des autres pour vous identifier un tant soit peu à eux. N'ayez plus peur de la compétition. Ne fuyez plus les affrontements. Sortez de chez vous, prenez la parole, affirmez vos opinions. Vous allez vous étonner. Engagez la conversation le plus souvent possible. Commencez par des sujets anodins. Le plaisir de parler vient en parlant. Aujourd'hui, on respecte davantage un homme ou une femme qui sait communiquer que celui qui se tait. Acceptez les reproches quand ils sont précis et argumentés, ce qui ne vous empêche pas de mettre en avant vos qualités et votre savoir-faire. Osez dire non, si besoin est, avec des phrases clés toutes simples : « Je suis désolé, mais cela ne va pas être possible pour moi. » Le respect est une exigence de tous les instants. Soyez vigilant pour repérer vos propres dérapages, mais aussi ceux que vous subissez ou que vous observez, pour les reconnaître aussitôt, que ce soit dans la rue, dans votre couple, en famille, au travail, ne restez jamais indifférent ou étourdi pour ne pas laisser l'irrespect s'installer.

Renforcer sa confiance en soi

Vous l'avez compris, si vous manquez de confiance en vous, vous présentez alors tous les risques de vous faire vampiriser et aurez toutes les difficultés à vous sortir d'une telle situation.

Renforcer sa confiance en soi a donc une visée préventive, mais aussi curative.

Pour améliorer votre état :

– Commencez à faire le relevé de toutes les situations où le manque de confiance en vous est le plus préjudiciable, afin justement d'éviter de les esquiver et, a contrario, de les affronter.

– Reconnaissez que vous êtes timide, mais donnez-vous quand même le droit d'avoir vos propres pensées, vos propres sentiments, vos goûts et vos opinions. N'hésitez pas à vous affirmer là où vous êtes sûr de vous, et ne cachez pas vos points faibles. Soyez le plus authentique possible. S'accepter, c'est aussi renoncer à la perfection.

– Interdisez-vous toute autodévalorisation. Cessez de voir toujours vos défauts en occultant vos qualités. Cessez de mettre en avant vos imperfections et de croire impossible votre progression en divers domaines. Vous vous considérez comme moyen ou médiocre en tout, mais ce sont ces moyennes cumulées qui font votre unicité. Prenez vos distances avec les racines de votre manque de confiance en vous, que ce soit vos parents trop peu assurés, votre fratrie qui vous a toujours rabaissé, la crainte de dépasser certains membres de votre famille ou le déficit de confiance né après un événement douloureux (décès, divorce, échec scolaire, licenciement).

– Pardonnez-vous vos erreurs passées comme vous pouvez pardonner celles des autres. Ne cachez ni vos doutes, ni vos craintes, ni vos erreurs, mais traitez-les avec distance ou amusement.

– Ne laissez pas la peur vous empêcher d'être. Rangez-la dans votre sac à dos, elle vous handicape, vous alourdit, mais vous avancez malgré elle.

– Soyez réaliste, cessez de survaloriser les autres – qu'ils soient vampires ou non –, de les croire plus doués qu'ils ne sont et de penser qu'il faut être au-dessus du lot pour valoir quelque chose.

– Fréquentez davantage de personnes qui ont confiance en elles et en vous. Mais, surtout, fuyez autant que possible ceux et celles qui vous font des reproches à répétition, ces faux amis qui, sous prétexte de plaisanter, vous rabaissent et profitent de votre manque d'assurance pour vous utiliser. Ne restez pas le second de vous-même. Progressez par rapport à vous, pas par rapport aux autres. Libérez-vous du regard des autres en vous rappelant qu'ils ne sont pas vos parents pour vous juger, et quand bien même le seraient-ils, vous n'êtes plus un enfant.

– Malgré votre manque d'assurance, acceptez et prenez de nouvelles responsabilités. La confiance en soi s'installe au fil de la vie à mesure que vous acquérez de nouvelles responsabilités.

– Prenez soin de vous, car l'aspect de soi et la manière dont on est perçu extérieurement par les autres influencent considérablement la confiance en soi.

– Méfiez-vous des toxiques : alcool, tabac, drogues en tout genre, ces faux amis qui désinhibent sur le moment, mais qui, secondairement, rendent plus fragile et dépendant.

– Allez vers les activités que vous appréciez le plus, ne vous privez pas, car la confiance en soi est aussi liée au plaisir que l'on prend. Pensez positif. Chassez dans la mesure du possible les pensées négatives. Encouragez-vous comme vous encourageriez un proche. Souvenez-vous de toutes les fois où vous avez cru ne pas y arriver et où, finalement, vous y êtes parvenu.

– Activez votre imagination positivement, par exemple imaginez que trois personnages que vous admirez vous font chacun un compliment personnalisé. Avant d'agir, visualisez la veille votre future action en imaginant que vous la réussissez. Retournez-vous aussi sur des scènes de votre passé en les modifiant imaginairement afin que les événements se passent différemment si vous aviez pu dire ou faire autrement.

– Lancez-vous des défis afin d'expérimenter votre confiance en vous en diverses situations. Communiquez positivement. Obligez-vous à regarder les gens en face quand ils vous parlent. Entraînez-vous à dire plus souvent je et à lancer des sujets de conversation sur des domaines que vous connaissez. N'hésitez pas à montrer des marques d'attention. Dites ce que vous appréciez chez autrui. Gardez votre agressivité uniquement pour les gens qui se moquent de vous ou vous dévalorisent.

Le meilleur remède au déficit de confiance des personnes hypersensibles est la réalisation de soi. Avoir confiance en soi, c'est aussi savoir se fier à soi-même. Avoir confiance en soi n'empêche ni l'erreur ni l'échec. Mais alors, ces erreurs sont les vôtres et non celles d'autrui. Avoir confiance en soi, croire en soi, ce n'est pas se penser infaillible, c'est simplement savoir que vous ne vous trahirez pas et que vous regarderez l'adversité sans fléchir.

À chacun sa croix

Dans les mythes sur les vampires en Occident, y compris au cinéma, la croix du Christ est le meilleur moyen de se protéger des vampires. Sur un plan religieux, la croyance en Dieu est une protection contre le démon ou Satan auxquels les vampires sont assimilés. Par la foi dans le message de la croix, si nous sommes croyants, nous sommes délivrés de toute passion destructrice, de tout esclavage, de toute oppression, quel qu'ait été notre passé.

Sur un plan psychanalytique, la croix face aux vampires, c'est le rappel, selon les théories de Jacques Lacan, du « Grand Autre » qui permet de contrer les effets dévastateurs des pulsions de mort et de protéger le moi du sujet.

Pour Sigmund Freud, l'acceptation du vampirisme psychique serait aussi en lien avec la pulsion de mort. Celle-ci cherche à s'exprimer en chacun de nous, comme une tendance à pousser l'être vivant vers l'état inorganique. Cette pulsion, qui est l'autre face de la pulsion de vie, serait en partie nourrie par la culpabilité et le masochisme. Freud a d'ailleurs qualifié de démoniaques les conduites répétées sur des voies qui mènent à la souffrance (le fait de répéter des conduites négatives alors que l'on sait qu'elles sont néfastes pour soi, ou revenir toujours vers une personne vampirique qui nous dépossède de nous-mêmes). Le Grand Autre qui protège contre ces pulsions mortifères est l'ordre symbolique propre à chacun, le lieu du déploiement de sa propre parole. Être vraiment à l'écoute de soi et parler en son nom propre protège de la tentation du pire.

Pour les chrétiens, la croix symbolise une direction qui donne un sens à sa vie. On peut s'en inspirer pour proposer un moyen de protection contre le vampirisme psychique, pour avancer dans la vie de manière résolue, sans se laisser détourner, ni séduire, ni corrompre. Respecter ses principes, baliser son territoire, imposer sa marque peut parfois sembler psychorigide. Certes, on peut toujours vous reprocher votre manque de souplesse, votre difficulté à prendre en compte l'opinion des autres ou votre méfiance vis-à-vis du monde extérieur ; mais, parallèlement, on louera votre indépendance d'esprit, votre fiabilité, votre droiture, la confiance que vous inspirez. Le respect des règles, le refus des changements et le contrôle des émotions caractérisent ces personnalités, elles mettent une armure entre elles et les autres et sont plus difficiles à vampiriser. Encore faut-il qu'elles ne tombent pas amoureuses d'un vampire psychique qui leur fasse fendre l'armure.

Ne pas s'oublier

Quand on est vampirisé, il est difficile de se détacher, on s'oublie et on ne pense qu'à son vampire ou à travers son prisme. Dominant ou dépendant, le vampire s'insinue en vous progressivement et agit à la façon d'un parasite. Il vous pompe constamment votre énergie, et vous êtes obligé d'en fabriquer pour deux, tandis que lui-même, on l'a vu, n'en produit aucune. Il faut vous redonner le goût du libre arbitre. Avoir à nouveau la possibilité de vous dire : « Qu'est-ce que je veux pour moi, qu'est-ce que je pense, qu'est-ce que je ressens, qu'est-ce qui est bon pour moi ? » C'est ce retour sur vous-même qui peut mettre fin définitivement à ce parasitisme.

Ne pas s'oublier, c'est continuer de s'appartenir, alors que l'on risque de disparaître dans l'écoute, l'attention, la compassion, l'assistance en compagnie de vampires psychiques.

Si vous êtes victime de vampirisme, la première attitude à adopter est de montrer que vous n'êtes pas dupe. En tout cas, de ne pas cacher que vous êtes conscient de donner, sans espoir de retour, à un vampire. Et, dans le même temps, de vous montrer affable à son endroit. On peut faire preuve de compassion sans pour autant se laisser vampiriser. À son contact, comme à son écoute, restez attentif à vos sensations, à vos émotions. Ne vous oubliez jamais totalement tout en étant dans une écoute distante à l'égard du proche vampire. Pensez à vos obligations prochaines, à vos désirs immédiats, aux besoins élémentaires du jour et des jours suivants. Certes, vous pouvez répondre aux demandes de l'autre, à ses besoins ou à ses désirs, mais pas immédiatement. Placez cela dans votre *to do list*, sans en faire une priorité et en vous contentant parfois de ne répondre que partiellement à la demande si celle-ci est trop abusive ou que vous êtes déjà très pris par des exigences plus personnelles. Ainsi, vous pourrez contrôler ce que vous accorderez sans vous laisser envahir ni abuser.

Ne pas s'oublier permet de passer à l'étape suivante qui consiste à prendre soin de soi.

Prendre soin de soi

Prendre soin de soi est non seulement curatif, mais aussi préventif. En effet, la meilleure façon de résister aux attaques des vampires psychiques est d'avoir un bon équilibre énergétique. Or le plus solide des châteaux n'est pas à l'abri des assauts répétés. Aussi faut-il être en mesure de repousser des tentatives d'exploitation trop fréquentes, mais aussi d'adopter des stratégies préventives.

– Prenez soin de vous physiquement. Faites le choix d'une vie avec un rythme régulier en termes d'heure de repas, d'heure de coucher notamment. Ce dernier point est important. Veillez absolument à avoir votre quota de sommeil, car la fatigue favorise l'hyperémotivité. Faites le choix d'une alimentation saine, équilibrée, suffisante sans être excessive.

Soyez attentif à votre corps. Écoutez-le quand il est fatigué ou douloureux. Écoutez-le aussi quand il a besoin d'être mobilisé par des activités physiques qui le renforcent. Ne négligez pas les câlins de ceux que vous aimez. Les massages bien faits sont d'un grand secours. Accordez-vous des loisirs, ne serait-ce que pour ventiler votre sensibilité. Évitez autant que possible les sources de stress.

– Prenez soin de vous moralement et intellectuellement. Par le biais de la lecture, de la musique, en ayant des conversations enrichissantes, en vous instruisant, en échangeant avec des personnes empathiques, en développant les activités qui vous épanouissent : musique, danse, chant, jardinage, cuisine, sexualité, lecture, bricolage, sorties entre amis, sorties dans la nature. Il importe de se faire du bien.

Se faire du bien pour être solide face aux éventuelles offensives de vampires, afin d'en supporter certaines (si vous acceptez d'y céder) ou pour être capable d'y résister. Se chouchouter en étant capable d'intégrer dans son emploi du temps de la semaine des moments exclusivement pour soi (prendre un bain moussant, un bain de culture ou un bain de soleil). Ne pas se satisfaire des seules activités professionnelles, domestiques ou consacrées à autrui. Après avoir été ponctuellement vampirisé, n'oubliez pas de recharger vos batteries, même si vous ne ressentez pas d'emblée les effets délétères de cette manducation psychique dont vous êtes la victime : reposez-vous, distrayez-vous, amusez-vous.

Écoutons Sarah, 41 ans :

En tant que femme qui travaille et mère de trois enfants, il n'est pas toujours évident de trouver du temps pour soi. Or j'ai besoin de cela pour retrouver de l'énergie, communiquer un état d'esprit positif et me rendre ainsi disponible pour ceux qui ont besoin de moi et qui se conduisent parfois comme de gentils vampires (je pense notamment à mes adorables enfants). Comme je ne trouve jamais le temps pour cela, j'ai décidé de bloquer dans mon agenda un créneau de quinze minutes pour chacune de mes journées, à une certaine heure qui peut varier d'un jour à l'autre, mais sans déroger à son caractère quotidien. Cela semble dérisoire, mais ce n'est pas si simple à bloquer, cependant, si l'on y parvient, cela fait un bien fou. Ce que je mets dans cet intervalle de temps est variable : faire des exercices physiques à la maison, lire, écrire, méditer, faire une micro-sieste, marcher, appeler une copine, me commander un vêtement, voire, si je suis à l'extérieur, faire une échappée dans une boutique de lingerie en profitant de la quiétude du lieu et de la disponibilité de la vendeuse en période creuse.

Se déconnecter par la méditation

Pour vous déconnecter en situation de vampirisation, vous pouvez recourir aux techniques de méditation.

En Occident, la méditation connaît un développement majeur. Ses indications en psychologie sont nombreuses puisqu'elle est un outil thérapeutique pour lutter contre les états de stress, les troubles anxieux, les troubles fonctionnels (troubles physiques d'origine psychologique) ou encore les troubles de l'humeur.

En allant mieux sur le plan psychologique, on risque moins de tomber sous la coupe d'un vampire psychique. Mais, indépendamment de son action curative sur des troubles psychiques fragilisants, la méditation offre aussi une déconnexion mentale et affective permettant de créer une bulle protectrice face aux attaques de futurs vampires.

Pour entrer dans cette bulle, il convient d'être attentif à ce qui traverse votre esprit, sans vous arrêter sur les pensées, les idées, les concepts. Vous observerez ceux-ci en vous gardant de tout raisonnement ou de tout jugement de valeur. Car méditer, ce n'est pas penser, et encore moins analyser ses pensées.

Nous passons notre temps en prise directe avec nos pensées, notre imaginaire, nos ressentis émotionnels et physiques, en revanche, en méditant, on va observer à l'intérieur de soi le terreau de la conscience, là où naissent les pensées, mais sans les cultiver. C'est une observation neutre de ce qui se passe au travers de la conscience. Pour porter ses fruits, la méditation nécessite une pratique régulière. Elle permet de se déconditionner, notamment des pratiques vampiriques dont on est victime, d'éviter de les faire advenir. Pour méditer en pleine conscience, on doit renoncer à agir et à exercer sa volonté, y compris celle de ne plus penser à ses soucis.

Méditer permet par le travail mental de ne s'attacher à rien, de ne plus rien désirer. D'être là, simplement, ici et maintenant, sans rien rechercher. La fréquence des séances est propre à chacun, et leur durée varie de quelques minutes pour les débutants à une heure. Pour ceux qui présentent des troubles graves de la personnalité, elle doit être pratiquée sous contrôle médical, pour les autres, n'importe où, pourvu que le lieu soit calme.

Pour pratiquer il convient à chacun de trouver une position la plus propice à une bonne relaxation corporelle, à condition que le dos soit bien droit (tout en étant relâché) et que la respiration soit la plus libre possible. La position la plus habituelle est la position agenouillée au sol ou assise, les jambes croisées (au sol ou sur une chaise). Auparavant, il est conseillé de se relaxer, en s'allongeant par exemple. Les plus expérimentés des pratiquants parviennent à exercer la méditation debout, voire en marchant.

Sur un plan technique, on commencera à méditer à l'aide d'un objet : il s'agit de maintenir son attention sur l'air qu'on respire, un son, une image mentale ou un objet de notre environnement, tel un bibelot.

Prenons l'exemple de la main gauche.

Une fois bien installé, pendant une à deux minutes, vous repérez les divers ressentis physiques : les sensations thermiques (chaud, froid), les contractions musculaires, une éventuelle démangeaison qui pourraient apparaître si vous fixez exclusivement votre attention sur cette main. Ne réagissez pas et contentez-vous d'observer ces ressentis. Faites comme s'il ne s'agissait pas de votre main et que ces ressentis ne vous concernaient pas directement. Si des émois ou des pensées surgissent, en lien ou non avec ces ressentis, ne les chassez pas, ne les conservez pas non plus, laissez-les passer et restez concentré sur vos sensations physiques procurées par cette main gauche.

Vous referez l'exercice lors d'autres séances, avec d'autres parcelles de votre corps. Cela vous permet, entre autres, d'être à l'écoute de sensations physiques que vous ne perceviez pas, car elles étaient étouffées par le brouhaha permanent du corps en action et en pensée. Ainsi, vous repérerez mieux les conséquences physiques d'actions de vampirisation dont vous seriez éventuellement la victime.

On peut aussi axer la méditation sur des visualisations externes. Installé confortablement, seul, dans une pièce calme avec une lumière tamisée, on regarde autour de soi pour observer chaque objet qui se présente au regard. On fixera alors son attention sur son aspect extérieur, sa couleur, sa forme, son volume, les contrastes d'ombre et de lumière, sa matière. On regarde ces objets comme si on les regardait pour la toute première fois, à distance de toute réflexion, de tout raisonnement, de tout jugement.

Une autre étape, dans les pratiques méditatives, est l'écoute du silence.

La difficulté pour ces exercices est de trouver un endroit où l'on soit à l'abri du bruit extérieur pour écouter la voix du silence. Une fois installé, on est attentif aux ressentis induits par ce silence absolu. Y a-t-il un mieux-être ou, au contraire, vous sentez-vous mal à l'aise ? Y a-t-il des pensées particulières qui surgissent en vous ? Auparavant, vous pourrez faire cet exercice en forêt ou dans la nature profonde en étant cette fois attentif aux sons de la nature environnante auxquels on n'a pas l'habitude de prêter attention.

On pourra ensuite fixer son attention uniquement sur des ressentis corporels internes, comme pour amarrer une partie de soi. Cela se fera en étant attentif, mais sans s'y arrêter, à nos diverses sensations corporelles internes, les plus subtiles, ainsi qu'aux représentations mentales qui traversent notre esprit, que l'on soit attentif à son cœur, à ses intestins ou à son plexus solaire.

Après ces exercices préparatoires à la méditation globale, dans cet état de pleine conscience, au cours duquel on regarde uniquement à l'intérieur de soi sans s'arrêter sur nos pensées qui surgissent, vous ne prendrez aucune décision. Vous n'associerez ces pensées ni à un souvenir volontaire ni à un raisonnement, ni à un jugement, ni à une émotion, ni à une anticipation ou un projet. Vous laissez circuler toutes ces pensées sans les arrêter, en les observant mentalement comme si elles venaient d'un tiers et ne vous touchaient pas. Vous voyagez dans l'espace et vous observez les planètes que sont ces représentations mentales sans vous fixer sur celles-ci. Méditer n'est pas rêver. Vous restez conscient, observateur. Repérez aussi le mini espace-temps entre le départ d'une pensée et l'arrivée d'une nouvelle. C'est l'équivalent d'un espace intersidéral. Quand vous repérez ce moment, essayez de le prolonger. Vous serez alors dans l'esprit, sans être dans la pensée.

Lorsque vous commencez à méditer, contentez-vous de contempler votre paysage intérieur représenté par divers sentiments et représentations mentales. Dans la vie courante, on est trop occupé par les perceptions externes qui nous cannibalisent. Méditer, c'est entrer en soi, s'y mettre à l'abri et prêter attention à tout ce qui traverse notre esprit. Ainsi vont se mettre au jour des perceptions internes, des ressentis, des « irritations » physiques et mentales que nous ne percevions pas jusqu'alors, occupés que nous étions par d'autres sensations, actions ou préoccupations.

Quand vous parviendrez à méditer régulièrement en pleine conscience, vous serez un observateur aguerri de tout ce qui vous traverse en représentations mentales, en ressentis physiques et émotionnels, en perceptions sensorielles. Vous aurez une conscience totale de tout ce qui pénètre votre territoire, en ressort, s'y arrête pour s'y transformer ou pas.

Vous discernerez alors parfaitement les aspirations d'énergie psychiques dont vous êtes l'objet de la part de vampires psychiques et de leurs plus subtiles conséquences sur votre esprit et votre corps. Par ailleurs, en vous isolant des attaches émotionnelles qui vous lient aux vampires, vous arriverez ainsi à prendre vos distances avec leurs mécanismes d'emprise et parviendrez plus aisément à vous détacher sur le plan affectif pour vous déconnecter d'un éventuel vampire.

La méditation est donc une technique de prévention, elle vous rend moins apte à vous faire vampiriser. Si, malgré tout, on le devient, c'est aussi une technique efficace pour prendre conscience qu'on est sous l'emprise d'un vampire, qui permet également de se détacher de lui et de ses manœuvres, voire de rompre.

Je me désengage

« Engagez-vous qu'ils disaient ! » se lamente le légionnaire romain dans *Le Tour de Gaule d'Astérix*[1], comme se sont certainement lamentés plus tard les jeunes conscrits des armées du Roy, dupés à leurs yeux par les promesses d'aventures et d'heureuses destinées des agents recruteurs.

S'il faut tourner sept fois sa langue dans sa bouche avant de parler, il faut savoir le faire aussi avant de s'engager. Surtout avec un vampire. Ceux-ci profitent allégrement de nos difficultés à revenir en arrière une fois que l'on s'est engagé. Bien sûr, pour s'engager, il est nécessaire de savoir faire des choix, sans hésiter, sans procrastiner, sans ruminer, sinon on ne fait jamais rien. Par ailleurs, décider de ne pas s'engager reste aussi un engagement, celui de ne pas « faire » ou ne pas « défaire ».

1. Albert Uderzo, René Goscinny, éditions Dargaud, 1965.

En règle générale, méfiez-vous de vos impulsions et évitez les prises de décision aveugles et irréfléchies. Si vous balancez, le plus simple est d'imposer (et non pas simplement de demander) un délai de réflexion, et ce d'autant plus que la résolution aura des conséquences importantes (par exemple, un achat très onéreux ou un changement de parcours important dans votre vie). Les valeurs de l'engagement s'imposent à chacun du fait de sa propre éducation, sauf, justement, pour certains, les vampires psychiques en font partie. Il est aussi important d'être un homme ou une femme de parole que de savoir reconnaître son erreur afin de ne pas aller droit dans le mur, à l'instar du capitaine du *Titanic*.

Marc, 38 ans, témoigne :

Quand je me suis mis en couple avec cette femme, elle avait alors tout pour me plaire. Mais, une fois marié, je me suis rendu compte que j'avais été victime de ma passion et que je m'étais illusionné sur elle. Ce fut comme si le brouillard se levait et que je voyais qui elle était réellement. Je donnais tout : mon temps, mon attention, ma tendresse, mes moyens financiers et je ne recevais jamais rien de sa part. Son insatisfaction permanente, que je comprenais comme la conséquence d'une enfance surprotégée, se révéla être un puits sans fond dans lequel je m'apprêtais à disparaître. Mais je n'arrivais pas à rompre. Je m'étais engagé, devant la loi et devant Dieu, à rester à ses côtés pour le meilleur et pour le pire. Je me serais satisfait du pire s'il avait côtoyé le meilleur. Pourtant, je pensais qu'elle allait changer, qu'il fallait garder espoir, que je ne lui donnais peut-être pas assez. Mais, surtout, je me disais qu'avec ce que j'avais sacrifié jusque-là je n'allais pas rompre maintenant. Il me fallut du temps et le soutien d'amis chers. J'ai enfin réussi à dire stop quand le pire commença à arriver, alors j'ai divorcé. Il m'en coûta financièrement, mais au moins le vampirisme s'arrêta et je pus me reconstruire.

Le piège que le vampire ne nous tend pas, mais que nous nous tendons nous-mêmes, est dans notre difficulté à accepter d'avoir perdu et de s'arrêter sur nos échecs, toujours vécus comme des pertes. Revenir sur sa décision, sur son engagement, c'est accepter de reconnaître qu'on a fait fausse route, il y va de sa fierté. Mais c'est aussi accepter d'avoir perdu du temps, de l'énergie, de l'argent, avec le risque d'en perdre davantage si l'on persiste à vouloir un retour sur investissement. C'est cette difficulté à renoncer qui fait que des joueurs de casino perdent des fortunes. Diogène le Cynique, le philosophe grec, nous conseillait déjà plus de trois siècles avant Jésus-Christ : « Retranche tous ces engagements que tu voyais s'imposer à toi et qui sont autant de bagages qui t'entraînent au fond de la mer. »

Savoir rompre

Si vous vous sentez las, irritable, démoralisé, émotif, affaibli, le mieux est d'éviter la fréquentation de personnes susceptibles de se conduire comme des vampires psychiques à votre égard, ne serait-ce que passagèrement. Mettez-vous à l'abri, refusez les échanges. N'hésitez pas à dire que vous n'êtes pas disponible, et, si besoin est, répétez-le encore tel un disque rayé. Si vous vous trouvez confronté à des tentatives de culpabilisation de la part d'un vampire, répondez par un mur de silence.

Il n'y a de si bonne compagnie qui ne se sépare ! D'autant qu'avec un vampire il serait bien que la rencontre ne soit que le commencement de la séparation. Et rompre totalement avec cette personne malfaisante est donc bel et bien pour vous le but recherché et la solution définitive, malgré la souffrance qu'elle suppose si l'on a été longtemps attaché.

Une rupture libère autant qu'elle déchire, elle met fin à la routine rassurante, mais elle est nécessaire quand le vampirisme est constant et marqué. On peut même trouver de la joie à rompre, à condition de ne pas se laisser rattraper par la cruauté ou par la pitié. La rupture permet alors de redevenir soi-même, de se retrouver. Elle concerne tous les univers possibles, qu'ils soient sentimental (qui a dit que les seules lettres d'amour qui ont quelque utilité étaient les lettres de rupture ?), amical, familial ou professionnel. Le plus difficile, quand il faut finir, c'est de commencer. Alors, il vous faut fixer le moment afin de ne pas être chaque fois tenté de le remettre à plus tard. Et, en tout domaine, rompre demande de votre part une certaine force psychologique et affective. On n'apprend nulle part à rompre, aussi faut-il le faire avant d'être totalement dépossédé de ses moyens. Certes, on l'a vu, il n'est pas toujours facile de rompre avec un vampire psychique auquel on a tant donné. Car rompre, c'est aussi perdre tout ce qu'on a mis de soi, d'espoirs, de promesses en lui ou en elle. C'est accepter de reconnaître qu'on a été trompé et que l'on s'est soi-même trompé. Pour mettre toutes les chances de votre côté, afin de réussir votre « séparation » en cas de relation prolongée, il faut passer par quelques étapes préalables.

La première est d'accepter de ne pas vous sentir coupable ou débile de cet état de fait. Certes, vous êtes devenu une proie, puis une victime, mais sachez que si ce n'avait pas été vous, cela aurait été quelqu'un d'autre. Vous n'aviez pas le contrôle sur lui ou sur elle, alors il était temps d'agir pendant que vous aviez encore le contrôle de la situation.

Prendre conscience qu'on a été vampirisé, surtout dans une relation amoureuse ou amicale, fait souffrir et entraîne inévitablement une baisse d'estime de soi. Pour lutter contre cela, rappelez-vous que vous avez fait preuve de générosité en donnant tant de vous, et que la naïveté n'est pas un péché majeur. Dites-vous aussi que votre place reste plus enviable que celle du vampire. Enfin, reconnaissez vos qualités, vos talents et vos réalisations passées pour vous rappeler que vous êtes quelqu'un de bien.

Recentrez-vous et agissez dans des domaines que vous maîtrisez bien : votre travail, vos éventuelles activités artistiques ou sportives, vos activités domestiques ou autres, vos relations amicales, familiales et professionnelles. Revenez aux sources de votre savoir-faire et de ce qui est solide dans votre existence. Rappelez-vous ce qui va bien dans votre vie, que ce soit votre santé, celle de vos enfants, etc. Reconnaissez et appréciez à leur juste mesure ce que vous avez eu, ce que vous avez et ce que vous êtes.

CONCLUSION

Le vampirisme psychique est plus répandu qu'on ne pourrait le penser compte tenu du peu de prise de conscience du phénomène. Il nous a tous concernés à un moment donné de notre vie et nous concernera tous un jour.

Les vampires psychiques peuvent être tout à fait charmants, serviables au premier abord, voire, quand ils sont repus, fort séduisants. Ils ressemblent à n'importe qui, mais ils vont peu à peu se révéler des créatures dévorantes et épuisantes.

Comme les vampires mythiques, ils sont experts dans les changements d'apparence. Certes, ils ne se transforment pas en chauves-souris, mais, comme ils manquent d'intégrité en termes de personnalité, celle-ci peut paraître flottante. Comme ils ne sont constitués que de ce qu'ils absorbent chez autrui, ils peuvent se transformer au gré des personnes qu'ils vampirisent. En effet, leurs besoins dominent leur état. Ce qui compte pour eux, on l'a vu, c'est ce qu'ils obtiennent, ce qu'ils ont plutôt que ce qu'ils sont. D'ailleurs, à trop les fréquenter, on finit par ne plus savoir soi-même qui on est véritablement.

Si les vampires de légende s'épanouissent dans l'obscurité, nos vampires psychiques sont de la même façon plus à l'aise avec le secret, le mystère, l'opacité, que ce soit celle de leurs origines ou de leurs pensées profondes. Ils savent aussi instinctivement user de vos parts d'ombre pour mieux vous accaparer. Une autre caractéristique est qu'à l'instar des vampires mythiques ils ne se voient pas dans le miroir, et comme ils ne se reconnaissent pas tels qu'ils sont, ils sont à l'abri de toute autocritique. Leur idée de la justice, c'est d'avoir ce qu'ils veulent quand ils le veulent en donnant le moins possible en échange. Ils sont immatures et autocentrés et, à leurs yeux, vous n'êtes qu'un garde-manger.

Ils s'appuient sur l'humanité de chacun pour mieux exploiter leurs ressources et, plus vous êtes « humain », plus vous êtes une proie potentielle. Ils sont à vos côtés tant que vous pouvez les nourrir, que ce soit affectivement, intellectuellement, moralement, sexuellement, sentimentalement, physiquement ou matériellement. Pour cela, ils cherchent à vous apitoyer, à vous menacer, à vous manipuler, à vous hypnotiser. À leurs yeux, leurs besoins passeront toujours avant ceux des autres et avant les autres en général. Leurs satisfactions ne souffrent pas d'attendre. L'égoïsme, semblable à celui du très jeune enfant, est leur défaut le plus commun. Les règles sociales s'appliquent aux autres, pas à eux. Ils n'ont jamais tort, leurs intentions sont toujours pures s'ils sont incompris, et c'est toujours de la faute des autres (un peu comme les ados). Enfin, dès que vous êtes moins disponible, moins disposé à donner, voire malade ou trop fatigué pour les soigner, les alimenter, ils vous quitteront sans remords pour aller se sustenter ailleurs.

Au cours de l'existence, chacun de nous évolue au fil des jours vers une plus grande autonomie psychique qui correspond à la maturité de l'âge adulte. Cette autonomie se maintient jusqu'aux dernières années de la vie où survient fréquemment une diminution, voire une perte d'autonomie physique ou psychologique.

Nous traversons tout le long de notre vie des épreuves qui occasionnent du stress, des crises, des conflits internes. Cela nous place dans des états – provisoires ou prolongés – d'insécurité, d'infériorité, de dépendance, qui nous entraînent à agir à la façon des vampires psychiques. Mais ce qui débute comme une réaction peut se changer en mouvement de fond. Prendre conscience de cet état est la première étape avant de reprendre le contrôle de soi. Par la suite, l'objectif est de restaurer ses propres ressources internes, épuisées, afin de récupérer cette autonomie psychique capable de libérer de nouvelles énergies.

Grâce à ce livre, vous avez appris à identifier, à vous protéger et à vous libérer des vampires qui vous menacent. Désormais, la prudence vous conduira à scruter leurs antécédents, à vérifier leurs propos. Et comme ils ont beaucoup de points communs avec les très jeunes enfants, vous resterez cohérent avec vos principes : récompenser les bons comportements, ignorer les mauvais, être attentif à vos ressentis, évaluer la réciprocité des échanges, n'accorder aucune importance à leurs crises et respecter vos limites.

Alors, pour conclure, quelques mots sur un vampire un peu particulier, celui qui dort en vous. Peut-être qu'au fil de ces pages vous vous êtes trouvé quelques traits communs avec les vampires psychiques, quoi de plus naturel ! On peut tous avoir des tendances vampiriques. On peut tous se conduire occasionnellement, voire plus régulièrement, comme un vampire psychique. Cela ne signifie en rien qu'il s'agit de notre nature profonde, mais c'est une possibilité qui existe en chacun de nous, puisque, comme on l'a vu, c'est notre lot commun dans les premiers mois, voire les premières années de notre vie. Ainsi donc, des reliquats de conduites vampiriques peuvent apparaître à l'occasion de coups de fatigue, de moments de déprime, de baisse énergétique, de relations affectives perturbées. Chez d'autres, ces comportements s'installent et finissent par faire d'eux de véritables vampires psychiques. Il n'est d'ailleurs pas impossible que vous-même le soyez devenu sans en avoir pris conscience. Ce serait dommage, car vous avez tout à gagner à ne pas dépendre d'autrui et à être libre. De surcroît, vous seriez beaucoup plus apprécié des autres si vous cessiez de les vampiriser.

Alors, pour savoir si vous êtes un vampire, faites ce test, en répondant par oui ou par non.

1- *Avez-vous le sentiment que les gens autour de vous ont beaucoup de problèmes ?*

2- *Considérez-vous que dans votre existence, vous ne contrôlez pas grand-chose ?*
3- *Pensez-vous que les personnes qui acceptent de vous aider vraiment sont rares ?*
4- *Trouvez-vous qu'il y a trop d'obstacles dans votre existence ?*
5- *Trouvez-vous que les gens ne sont pas à l'écoute les uns des autres ?*
6- *Considérez-vous que les gens de votre milieu ont une vie bien plus difficile que la vôtre ?*
7- *Avez-vous souvent été victime de trahisons ?*
8- *Trouvez-vous que vous n'êtes pas reconnu à votre juste valeur ?*

Vous avez certainement répondu oui à une partie de ces questions. Mais il vous en faut huit pour estimer que le risque est important que vous soyez, au moment où vous lisez ces lignes, en mode « vampire psychique ».

Si vous n'avez pas franchi ce taux maximal de réponses positives, prenez conscience que, par moments, par périodes, ou, trop souvent, vous vous conduisez ou vous vous êtes conduit en vampire psychique. Cela vous aidera sans doute à repérer ceux qui vous entourent. On peut être à la fois vampire par moments et victime soi-même d'un vampire. Cela pourra vous permettre éventuellement de le mettre à l'aise en lui disant que vous avez aussi cédé à la tentation.

Cette prise de conscience doit vous renforcer dans l'idée de vous débarrasser de vos oripeaux de vampire.

Voici quelques pistes d'action qui vous permettront de vous en débarrasser plus vite encore.

– Allez vers les autres. Apprenez à les apprécier. Recherchez leurs qualités, même si leurs défauts sont imposants. Sachez voir ce qu'il y a d'intéressant en chacun.

– Commencez à faire des gestes gratuits de bonté envers votre entourage (amis, famille, collègues) puis envers des personnes moins connues.

– Faites des compliments, des remarques agréables, proposez un service sans rien attendre en retour.

Pour quitter votre statut de victime inhérent à la plupart des vampires, il convient évidemment de commencer à assumer la responsabilité de ce qui vous arrive, de ce que vous entreprenez et donc de ce que vous vivez. Il faudra aussi renoncer progressivement à attendre systématiquement une réponse d'autrui en vous recentrant régulièrement sur les sujets que vous contrôlez bien.

Le contraire du vampirisme – que nous soyons vampires (donc dépendants d'autrui), ou vampirisés (donc exploités) – est le mot LIBERTÉ.

« Sauvons la liberté, la liberté sauve le reste ! », écrivait Hugo[1].

Pour cela, acceptons, car c'est cela la liberté[2], d'être enfin livrés à nous-mêmes.

---

1. Victor Hugo, *Choses vues*, 1851.
2. Amélie Nothomb, *Le Sabotage amoureux*, Albin Michel, 1993.

Table

Avant-propos 11
Introduction 15

I. Les vampires occasionnels 21

1. QUI SONT-ILS ? 26
Dévoreurs d'énergie 29
Quelles sont leurs motivations ? 31
Ils sont à chaque coin de rue 37
Comment savoir si l'on est vampirisé ? 38
Ils ne se voient pas dans le miroir 43
Individuel, collectif ou autophage 45
De la faiblesse transitoire à la folie 47
Générateurs de négativité 50
Le vampire se nourrit
de *toutes* vos émotions 52

2. LES DIFFÉRENTES ESPÈCES
DE VAMPIRES PSYCHIQUES 54

A. LES VAMPIRES MANIPULATEURS

Le vampire grand prédateur 57
Le culpabilisateur 62

L'enfumeur ... 66
Le mordeur ... 68
L'annihilateur ... 70
L'imposteur ... 70

B. Les accros, ou vampires dépendants

Les hormones de la dépendance ... 80
Une personnalité accro ... 83
Le w, ou vampire victime ... 89

II. Les vampires au travail ... 93

Des vampires invisibles ... 95
Le vampire sangsue ... 99
Le vampire paresseux ... 100
Le vampire saoulant ... 101
Le vampire grognon ... 102
La victime au travail ... 103
L'usurpateur ... 105
Défendez-vous ! ... 109

III. Les vampires familiaux ... 115

Pères vampires ... 119
Mères vampires ... 121
Vampires fusionnels ... 127
Couper les liens ... 132
Frères de sang ... 137

IV. L'amitié, l'amour
et le sexe en mode vampire ... 143

Vampire ami ... 145
Vampire amoureux ... 152
Vampire en manque ... 156
Vampire sexuel ... 161

V. Profil des victimes 173

Les hypersensibles 175
Les aidants 181

VI. Petit traité de dévampirisation 189

Ne pas lui ouvrir la porte 191
Ne pas se laisser hypnotiser 193
Le dévoiler au grand jour 195
Ne vous laissez pas toucher 197
Attention aux belles promesses
ou à la flatterie excessive 199
Mettez des limites à votre patience 201
Trouvez la motivation 203
L'art de parler avec un vampire 205
N'ayez pas peur ! 207
Se prémunir contre la pitié 210
Donner, mais à bon escient 212
Ne vous aimez pas moins que les autres 214
Apprendre à se faire respecter 215
Renforcer sa confiance en soi 217
À chacun sa croix 221
Ne pas s'oublier 223
Prendre soin de soi 224
Se déconnecter par la méditation 226
Je me désengage 232
Savoir rompre 234

Conclusion 239

Du même auteur :

Éditions Marabout

100 réponses aux questions d'un jeune papa (2015)
Le pédopsy de poche (2013)
Ma to-do list enfant (2013)

Éditions Limonade

Avec Soledad Bravi (illustratrice)
Comment devenir populaire (2016)
Comment être gay et rester joyeux (2016)
Comment maîtriser ton stress (2016)
Comment gérer tes kilos en trop (2016)
Comment bien apprendre pour réussir à l'école (2016)
Comment te faire des amis. De véritables amis (2015)
Comment te passer du tabac (2015)
Comment renforcer ta confiance en toi ? Pour réussir et être aimé (2015)
Bien vivre ta première relation sexuelle. Si tu es une fille (2015)
Bien vivre ta première relation sexuelle. Si tu es un garçon (2015)
Comment guérir d'un chagrin d'amour et retrouver le sourire (2015)

Comment te faire respecter (2014)
Comment obtenir ce que tu veux (ou presque) de tes parents (2014)
Comment plaire aux garçons et surtout à l'un d'entre eux (2014)
Comment plaire aux filles et surtout à l'une d'entre elles (2014)

Éditions Flammarion

Nos garçons en danger ! École, santé, maturité : pourquoi c'est plus compliqué pour eux et comment les aider (2015)

Éditions Albin Michel

L'Amour et les kilos (2014)
Osez vous faire respecter ! Au travail, en famille, dans la rue (2010)
Comment avoir de vrais amis ? (2008)
Parents, osez vous faire obéir ! (2007)
Avec Bernadette Costa-Prades
Maintenant, tu restes dans ton lit ! (2008)
Avec Anne Lamy
Quand les pipis font de la résistance (2006)
Avec Carine Mayo
Élever un garçon aujourd'hui. En faire un homme, pas un macho (2005)
Avec Pascale Leroy
Soigner son moral au naturel (2012)
Les kilos émotionnels, comment s'en libérer ? (2009)
Séparons-nous... mais protégeons nos enfants (2004)

Éditions Albin Michel Jeunesse

Avec Bernadette Costa-Prades
Comment survivre quand les parents se séparent (2004)

Éditions Calmann-Lévy

Guide de l'ado à l'usage des parents (2008)

Avec Karine Lemarchand, Philippe Grimbert, Maryse Vaillant

Devenir heureux... ces épreuves qui font notre force (2009)

Éditions Larousse

Réussir à l'école : une question d'amour ? (2012)

Éditions First

Avec Marie Bernard

Éduquer son enfant pour les nuls (2011)

Éditions Bayard

Avec Noélie Viallet

L'amour 100 % ado (2010)

Avec Sophie Bordet, Clotka

Ça sert à quoi les parents ? (2010)

Avec F. Lotthé-Glaser, A. Rouquette

C'est quoi être une fille ? C'est quoi être un garçon ? (2014)

Éditions Michel Lafon

Avec Danielle Moreau

Quand je serai grand, je serai célèbre (2009)

Éditions Hachette Littératures

Avec Danièle Laufer

La mère parfaite, c'est vous (2008)

Éditions Odile Jacob

Avec Sylvie Angel

La deuxième chance en amour (2008)

Éditions Fayard

Quel âge aurait-il aujourd'hui ? Le tabou des grossesses interrompues (2007)

Ils n'ont d'yeux que pour elle. Les enfants et la télé (2002)

Adolescents, la crise nécessaire (2000 ; Pluriel, 2016)

Bien dans son assiette, bien dans sa tête ! (2016)

Soigner les enfants hyperactifs sans médicaments (2019)

Éditions J.-C. Lattès

Comment devient-on homo ou hétéro ? (2006)

Éditions Robert Laffont

Nos enfants aussi ont un sexe. Comment devient-on fille ou garçon ? (2001)

Ne sois pas triste mon enfant. Comprendre et soigner la dépression chez les petits (1999)

PAPIER À BASE DE FIBRES CERTIFIÉES

Le Livre de Poche s'engage pour l'environnement en réduisant l'empreinte carbone de ses livres. Celle de cet exemplaire est de :
200 g éq. CO_2
Rendez-vous sur www.livredepoche-durable.fr

Composition réalisée par NORD COMPO

Achevé d'imprimer en janvier 2020 en Espagne par
Liberdúplex 08791 St. Llorenç d'Hortons
Dépôt légal 1re publication : février 2019
Édition 02 – janvier 2020
LIBRAIRIE GÉNÉRALE FRANÇAISE
21, rue du Montparnasse – 75298 Paris Cedex 06

55/5880/3